KUWEI
酷威文化
图书 影视

看人的艺术

李建一　著

THE ART OF PERSON PERCEPTION

江苏凤凰文艺出版社
JIANGSU PHOENIX LITERATURE AND ART PUBLISHING, LTD

失去的人春

目录

第一章

观其性，察其品

1. 体型、气质、心态、兴趣与性格的关系

每个人在生活中都会表现出自己独特的身体姿态、气质和风格，这些风格无形中真实地映射出了一个人的性格、情绪以及个性等丰富内涵。你如果能熟练地从一个人的这些特征中读懂他的性格，便能够深入地揣摩出他的心态与意图。

体型与性格

在比较正式的公共场合，要了解一个人往往比较困难，因为大家总是习惯将自己的内心严实地包裹起来，因此要了解一个人的性格确非易事。但有一点是大家无法隐藏的，那就是人的体型。作为人最明显的外部特征之一，体型与人的性格、心理也息息相关。

最早提出这一观点的，是德国精神病医生克雷奇米尔。20 世纪 20 年代，他在对性格进行深入系统研究的基础上，确定了四种基本体型：矮胖型、瘦长型、强壮型和异常型。

具体而言，在矮胖型中，其气质狂躁，具有外向性格；瘦长型具有分裂气质，性格偏内向、顺从、胆小和害羞；强壮型则具有黏着气质，易冲动，癫痫病人中绝大数属于这一类型；发育异常型则代表有抑郁气质，性格较软弱，心里有些封闭。

不过体型说只能作为一种了解自己与他人性格的辅助手段，类似的辅助手段还有气质说、心态说、智能说和兴趣说等。

气质与性格

作为人的个性心理特征之一，气质一般是指人的一种稳定的人格特质。它主要体现在情绪、表现和动作等方面。一般而言，它与人们日常所说的“性格”“脾气”等含义相近。

不过气质与性格之间也有显著的差异，气质是先天形成的，很难改变。但性格是后天的，可以改变。某一种气质的人更容易形成某种性格，而性格则在某种程度上可以改变气质。

简言之，人的人格是由气质和性格两部分构成，气质是内在的，而性格则是外在的。举例来说，如果将人的大脑比作电脑的话，性格就是电脑中的软件，而气质则是硬件，当然硬件是基础，只有具备了硬件，一个电脑才能安装软件。正如人的气质和性格一样，气质是一种与生俱来的天性，但性格则是后天的产物。

每个小孩子在刚出生时，都会表现出迥异的特点，有的爱哭，有的则比较安静，这些天生的气质必然会影响父母跟他的互动关系，进而影响他性格的产生。

心态与性格

心态与性格的关系，大致可以从乐观者、悲观者、平和者、浮躁者、隐忍者、低调者和自卑者七类来讲。

对于乐观者而言，他们的快乐往往都是发自内心的，而他们的性格一般都比较开朗，他们的生活也富有情趣。因为他们的乐观心态决定了开放的性格，而有了开放的性格，他们的生活自然而然也便充满乐趣。

而悲观者则恰恰相反，如果一个人的心情偶尔不好，那可能不会影响到性格的形成，但一个人的心情经常不佳，那就极有可能造成性格的缺陷，一点小小的事情，对于他们而言都会引发内心的巨大波动。久而久之，便会形成容易压抑、沮丧的性格。

在日常生活中，平和者一般都表现出随和、平易近人和亲和力强的性格特征。正是由于他们持有不骄不躁、不卑不亢的人生态度，才塑造了他们类似的行事风格，进而在与他人的相处过程中展现自己的魅力。他们就像大自然中的变色生物一样，面对任何事情都可以镇定自若。

曾担任过美国总统的杰拉尔德·福特就是这样的一个人，他行事懂得中庸，不带侵略性，也不卑躬屈膝，因而给别人留下了谦逊、平和、可靠、朴实的印象，进而影响了他的选举前景。

至于浮躁者，日常生活中这一类人总给人自负、高傲的印象，而从他们处理日常事务的举措来看，他们的性格也比较急躁、容易冲动。

此外，隐忍者、低调者和自卑者都会产生特定的性格，比如隐忍者在生活中表现得相对成熟、低调者则比较稳重、自卑者一般都孤僻独行。总而言之，心态与性格息息相关，性格的形成，离不开心态润物细无声般的影响。

兴趣与性格

每个人都有属于自己的兴趣与爱好，这种兴趣不带有任何的目的性，单纯是自己喜欢，从事有关活动也完全是为了愉悦自己，满足自己的内心意愿。因此，一个人的兴趣往往能够反映这个人的内心世界，进而体现他的真实性格特点。

比如从个人喜欢的运动方式来看，在日常生活当中，绝大多数人都会参与运动，但不同的人所选择的运动方式也千差万别，这往往就反映了一个人的心理特征，同样也体现了一个人的性格。

拿喜欢踢足球的人来说，因为足球这项运动本身就非常激烈、刺激，能够使人产生兴奋感，所以，这类人一般都比较有激情，战斗欲望强烈。从生活层面来讲，这类人对待生活态度积极、拼劲十足，在遇到事情时，一般都比较看得开，因此在各类竞争中脱颖而出的可能性更大。

拿喜欢打篮球的人来说，这一类人大多目标远大，自信心强，通常对自己抱有很高的期待。在事业上，他们同样目标高远，并可以为此做出很大的牺牲。当然在这一过程中，他们可能遭遇众多的挫败，但这类人心理素质较好，不会一蹶不振，属于积极上进的类型。

而喜欢慢跑运动的人，他们性情都比较温和，待人也相对热情，在处理人际关系时，他们往往心态比较平和，能够与许多人建立友好的交往关系。在事业上，这类人往往也比较随和，没有太大的野心，也没有很大的抱负，容易安于现状。

2. 人人都有不同的性格特征

不同于人的本性，每个人的性格都是后天所形成的，个人的生活环境、成长背景、教育程度等都与众不同，因此每一个人都有属于自己独特的性格。

在心理学上，性格是指一种人格特征，它主要体现一个人的品德，受到人的世界观、人生观和价值观的影响。它是在人的社会生活中逐渐形成的，不同的性格反应不同的品德情况。

按照人的心理差异，性格可以分为三类：理智型、情绪型和意志型。而按照星座分类的话，则可以分为双子座、白羊座、巨蟹座等十二种类型。性格还可以按照血型、思维模式等各种方式分类。

目前最常用，也是最权威的性格分类方式则是 CSMP 四型性格。简言之，C 型性格是力量型，S 型性格是活泼型，M 型性格是完美型，P 型性格是和平型。不过在日常生活中，每一个人的性格并不是都可以明显地契合某一类，而往往是多种性格类型的组合。

拥有力量型性格的人，一般对别人要求高，但对自己却无所谓。从他们的外部特征来看，这类人走路一般都昂首挺胸，在看别人时，他们总会用眼睛直视对方。从说话的方式来看，他们总是语言简洁明了，不会做过多手势，但每一个手势都非常有力。在穿衣打扮层面，这类人大多喜欢黄色或者黑色的物件，比如他们比较喜欢黑色的帽子、黄色的钥匙扣等。

此外，力量型性格的人总能跟人坦诚交流，跟其他性格类型的人相比，这类人总能完成更多的工作，而且他们很容易暴露自己的立场，让你知道只要他来负责，一切都会安排妥当。这也使得他们比其他性格的人更具领袖气质，在日常生活中，他们中的大多数往往也是优秀的领导者。总而言之，这类人就是乐观的行动派。

不过，力量型的人也存在众多的缺点。因为总是过分相信自己，认为自己是对的，所以这类人往往控制欲较强，在与他人相处时，往往会以强势待人，容易给人留下沟通难的不好印象。因此在人际关系层面，他们经常会出现问题。

对于拥有活泼型性格的人来讲，外向、多言、乐观就是他们的标签。在日常生活中，他们也往往喜欢说笑话。在人群中，他们总是焦点，说话最多，感情色彩也最浓重。总之，就是带给大家最多快乐的人。

在人际关系层面，由于这类人热情、好动，因此喜欢群居，朋友自然也特别多。而且他们很容易对他人产生好感，因为在他们的骨子里，极为渴望得到他人的认可。

活泼型的朋友大多也都喜好音乐，喜欢唱歌；他们乐于表达自己的感情，热情奔放；他们善于发掘兴奋点，无论是在工作还是日常生活中，他们总能找到自己的乐子。这类人热情开朗，几乎可以以乐观和热情的心态面对任何事情。

由于他们的性格特点，在活泼型的朋友中经常能见到一些优秀的主持人和俱乐部主席。他们善于制造气氛，即便面对一个非常沉闷的人，这类人也能激发对方的热情。他们善于制造话题，越是冷场的时候，他们越能尽情发挥。

当然了，活泼型也有一些缺点，那就是他们往往以自我为中心，不关注他人的感受。他们只会看到自己的感受，他们做事风风火火，却很少顾及他人注意力的变化。他们有时对自己感兴趣的话题可以滔滔不绝，但很少顾及他人的兴趣点。在人际关系层面，他们总是拥有很多朋友，但并不交心。这些朋友会在开心时跟你一起玩，但当你遇到麻烦或者困难时，他们总会离你而去。

完美型的人是最优秀的思考者，他们的性格特征是对自己和别人都高要求。一般来说，这类人都比较内向、悲观。对待朋友时，他们总是严肃、礼貌。生怕别人不在意自己，但又怕别人太在意自己，内心时常会产生类似的矛盾。

从外部特征来看，完美型的朋友总是板着脸，很难笑，走路时不喜欢抬头。在穿衣打扮上，他们总是特别讲究，出门前总会花很多时间去挑选衣服。在社交层面，这类人很少结交朋友，但交每一个朋友都很慎重。在家庭层面，拥有完美型性格的女性朋友一般都善于料理家务，勤俭持家，生活特别节省。

在日常生活中，他们总是举止彬彬，生活安排得井井有条，一般而言，他们的生活规律很难被改变。他们总是强调做事的次序，他们对待目标严肃认真，一旦认准了方向，就会坚持不懈地做下去。他们思维缜密，任何事情都可以做得有条不紊。

当然，完美型的人由于容易消极，又对自己的评价非常苛刻，因此他们非常重视他人对自己的评价，常常自寻烦恼。他们对待任何事情都高要求，因此也容易将这些高标准强加在别人身上。

按照 CSMP 四型性格分类法，最后一种为和平型性格。这类人普遍都比较内向，乐于做一个旁观者。从外形来看，他们总是表现得很平和，与世无争，穿衣也比较休闲，动作缓慢，面带微笑。他们很少会刻意去打扮自己，男性朋友一般比较憨厚，而女性朋友则比较亲切。

对待生活，和平型的朋友既不喜欢去勉强别人，也不喜欢别人来勉强自己。在他们的世界里，最理想的状态就是随遇而安。在社交方面，因为他们比较安静稳定，因此可以交到很多的朋友。

这类人的优点是随和、有耐心，不会去侵犯别人。他们时常能保持冷静，乐于去聆听别人的意见，因此比较好相处。不过他们的缺点同样明显，那就是有时会表现得有些懒惰，对任何事情都没有热情，难免会使人感觉到他们消极的一面。

3. 好性格充实人生

日常生活中，每个人之间都存在着巨大的差异：有的人向往轰轰烈烈的爱情，但有的人则喜欢平平淡淡的婚姻；有的人喜欢激烈对抗的篮球，有的人则喜欢安全的跑步；有的人喜欢动作类游戏，有的人则喜欢棋牌；有的人喜欢直面挑战，而有的人则追求安逸稳定。在人的一生中，除了能力和机遇，左右我们命运的就是人的性格。

一个人性格好坏与否，将在很大程度上对他的家庭生活、事业前程以及人际关系产生影响。而健全的性格，将是人际关系良好、家庭美满和事业成功的根基。在一个科技迅猛发展的时代，拥有一个健全的性格显得尤为重要。

在英国政坛史上，约翰·梅杰被民众亲切地称作“平民首相”。由于受家庭环境等因素影响，十六岁时，约翰·梅杰就辍学回家，走上了不顺的就业道路。不过接踵而至的择业、失业等挫折并没有击倒这位勇敢、自信的小伙子。从外交大臣到财务大臣，最终在经历了八种职务的历练之后，他终于当上了英国首相。

追溯约翰·梅杰的奋起史，坚持不懈的努力必然要占据其取得成功的绝大部分原因，但在这一过程中绝不能忽视他不屈不挠的性格的作用。在我们的生活中，还有一个类似的例子，那就是曾感动了无数人的张海迪。

因小时候患血管瘤，张海迪曾做过 3 次大手术，摘除了 6 块椎板，并导致了高位截瘫。不过这些并没有击倒年幼的她，这位以保尔·柯察金为偶像并不断鼓舞自己的女孩，最终用顽强的意志改变了自己的命运。作为一名残疾人，她之所以能取得绝大多数正常人都无法达到的成就，靠的就是性格带来的力量。

在人的一生中，好的性格往往能充实人生，带来无尽的力量，促使人不断地走向更好，无论是身处顺境，抑或遭遇挫败，都能使人顺遂成长。相反，不良的性格则会使一个人时时陷入低迷，严重时甚至毁掉一个人的一生。从个人发展的角度而言，性格对人的事业、婚姻、健康和人际关系都有着巨大的影响。

从个人事业的角度来讲，性格对于一个人的影响是决定性的。曾经有记者问商业大亨摩根:“是什么条件决定了你的成功？”摩根不假思索地说道:“是性格。”

回顾摩根的各个阶段，无论是发行美国公债，还是在全国推行铁路联合，无一例外都与他勇敢进取、敢于尝试的性格不无关系。因此，对于摩根而言，性格对他的影响是决定性的，如果他没有这样的性格，恐怕再有资本与能力，也无法建立投资银行这一具有开创性的事业。

美国成功学家拿破伦·希尔曾说过："人与人之间只有很小的差异，不过这种很小的差异却造成了很大的差距，很小的差异就是所具备的心态是积极的还是消极的，而这种差距决定了成功还是失败。"从拿破伦·希尔的言辞当中，不难看出性格对于一个人的决定性作用。

1995 年 5 月，沃伦·巴菲特和比尔·盖茨曾做客华盛顿大学，并发表了演讲。当学生们问他们为何变得比上帝还富有时，二人的看法不谋而合，都认为原因在于性格。巴菲特和盖茨还指出，性格中包含着习惯和脾气。因为性格或许很难在短时间内做出改变，但一个人可以尝试去改变自己的习惯和脾气，因为这二者都是影响性格的因素。

性格就好比一把双刃剑，拥有好的性格就可以像巴菲特、盖茨那样，锻造成功的人生，但性格中的缺陷往往会使一个人陷入困境，严重时甚至会毁掉一个人，正所谓："成也性格，败也性格。"而当你希望获得成功时，最佳的处理方式就是摒弃掉性格中的弱势，而将性格中积极的因素发扬光大，只有发挥了自己的性格优势，才能在日益竞争的社会中立于不败之地。

曾经有两个乡下人打算进城打工，起先一个人的计划是去北京，而另一个打算去上海，不过就在他们等车时，二人的打算都发生了改变。因为在旁听周围人聊天时，二人得知北京人朴实，看到穷人都会给食物和衣服；而上海人则精明，连问个路都得收费。

听后，原本打算去北京的人心想：还是上海好，指个路都能挣钱，那还愁啥赚不到钱。而原本想去上海的人则心想：说来说去还是北京好，在这个地方最起码不会饿着肚子。因此，二人暗自窃喜，庆幸自己还没有坐上车出发。就这样，两人交换了车票，本打算去北京的那个去了上海，而原来计划去上海的则去了北京。

其中一人来到北京后，便发现北京果然好，就跟他听说的一样，他初到北京好几个月都没干活儿，但还是没饿着肚子。

去上海的人则发现，上海果真好挣钱，卖报纸可以挣钱，给人擦皮鞋也可以挣钱。凭借乡下人的本能，他在工地上弄了 20 袋混合了树叶和沙子的土，以“花盆土”的形式出售给城里人，随后他的生意越做越大，并在上海租了铺面。后来，他发现去给别人当清洁工更能挣钱，他便立即置备器具，开始了自己的创业，几年后，他的生意扩大到了周围的南京和杭州。

不久，他去北京考察市场，当在车站碰到一个捡垃圾的人朝他要空塑料瓶时，双方都愣住了，因为他们在几年前曾交换过车票。

命运往往是公平的，他给了两人同等的机遇，但命运又是不公的，他让两个人有了截然不同的结果。其实我们细想，这真的是命运的安排吗？命运总是服从于个人的性格的。在做出个人的人生重大决定时，有人性格中消极懒惰的因素占据了主导，但有人却因勇于挑战的性格改变了自己的人生轨迹。

4. 如何洞察他人的性格

性格决定人的命运，因此一旦抓住了某个人的性格，在某种程度上就可以说抓住了他的命运。而在纷杂的社会中，我们所要面对的人和情况往往要比我们想象中的复杂得多，因此洞察了一个人的性格，我们才能放心地与他去沟通、合作，甚至相处。

勃伦狄斯曾讲述过自己的一次亲身经历，当时他为了求职，向芝加哥巨商费尔特自荐，后来得到了费尔特的亲自接待。在两个人的交流中，费尔特的每一次提问都异常详细，比如在得知勃伦狄斯当过骡夫后，费尔特甚至会追问他饲养过的骡子叫什么名字。

后来，费尔特解释称，自己这样做只是为了了解自己雇佣的人的特点，如果自己连手下员工的性格都不了解，那他就无法将适合每个员工的工作安排给他们。

不同于成功人士，身处社会大船的普通人可能更需要具备洞察他人性格的能力，因为社会中不乏一些十分聪颖或者十分虚伪高傲的人，因此只有自己具备了识人的能力，才有可能操纵他们，甚至制服他们。那么在日常生活中，我们究竟怎样才能洞察他人的性格呢？

很多有能力的人，经常都会具备一种隐秘的素养，用来洞察他人的性情，掌握别人的特点。这种素养，在一般人看来，似乎显得有些奇妙，不过也很平常。这些伟人或者成功人士往往能够洞察到别人经常忽视的细节之处，根据自己的观察和判断，采取相应的措施，最终取得胜利。

洛克菲勒在卸任美国标准石油公司董事长之后，将自己的职位传给了阿基勃特。要知道，在如此庞大的企业中，如果想要脱颖而出，那自然需要具备高出众人的能力和才华。不过阿基勃特却是个例外，他从小职员做起，在很多方面，比他出色的人还有不少，不过洛克菲勒最终却选择了他，这其中自然有洛克菲勒独特的判断。

很久以前，阿基勃特还是一个名不见经传的小职员，不过他与别人不同的是，不论何时何地，只要在签署文件时，他总会在签名下面写上“每桶 4 美元的标准石油 " 这样一句话。后来在书信或者收据上，他也不会忘记这样几个字。

在得知此事后，时任美国标准石油公司董事长的洛克菲勒十分欣喜，为公司有一位如此忠心耿耿的员工而诧异。后来，洛克菲勒便约阿基勃特畅聊。按照常理，写这样几个字不是难事，但只有阿基勃特可以始终如一地坚持。洛克菲勒认为阿基勃特的行为实属难能可贵，而且他对公司忠心耿耿，因此做董事长职位的候选再也适合不过。

这个事例充分说明，管理者要独具慧眼，善于通过细微的事情去洞察人的特质，要学会以小见大，在平凡的日常中去发现下属的不凡特质。

法国有个名叫莱菲斯特的年轻人，他曾因找工作时多次被拒而苦恼。有一天，他去了一家大银行找董事长求职，不过刚见面就被拒了。就在他沮丧地走出银行时，又不小心被一根大头针扎伤了脚，不过莱菲斯特并未就此大叹运气差，而是为了不扎伤别人，顺手把大头针捡了起来。

第二天，莱菲斯特就收到了来自银行的录用通知单，原来就在他拾起那枚大头针时，银行董事长正好目睹了这一幕，于是改变主意录用了他，莱菲斯特果然不辱使命，终成法国银行大王。

追溯莱菲斯特的成功史，那位从细微处发现了他，并给予他机会的伯乐自然起到了很大的作用。

日常生活中，要想准确地把握一个人的性情，除了从细节处入手之外，还需要从大局着眼，识人于全。对于一个企业而言，要想得到优秀的、适合自己的人才，就必须从大局出发，从横向、纵向两个方面，具体、全面、历史地看人。

所谓全面、具体、历史看人，就在于既要看到一个人的缺点，也要看到他的优点；既要看到一个人与所在群体的共性，又要看到个人的个性；既要从目前的情况来看一个人，也要从他过往的经历去认识他。

在我们识人的过程中，往往会出现“管中窥豹”和“一俊遮百丑”的现象，这些观点都以偏概全，往往因为局部的一点就去判断一个人，既不能准确全面地认识一个人，而且还容易对一个人产生误解。只有从整体出发，才能对他人形成比较全面、深刻的认识和了解。

总而言之，识人要从细微之处留神，但也要从宏观层面把控，世上不缺人才，真正缺的是发现人才的慧眼。

原先的日本电产公司是一个只有几人的小作坊，不过仅仅十年，这家公司就发展成为一家大型企业，产品遍布国际市场。而在人才的选拔上，该公司也逐渐形成了一套完备的标准。

在这套规则中，第一条要求便是嗓门大，为了考察应试者的自信心，该公司在面试时要求应试者轮流朗读一篇文章，选择不怯场且声音大的优先录用。其二是用餐速度快，这一条主要用来测验应试者的身体健康程度，通过该入职要求的员工，一般很少请病假。第三条是比规定的应试时间来得早。通过此前的实地考察，该公司发现：上班早的人，多数工作成绩都比较好。因此通过这一条，就可以确保招入的员工在工作业绩上相对比较出色。

不难看出，在当今世界上，只有敏锐地洞察了他人的性格、全面地掌握了各种人才在众多方面的优劣势，才能做到从容应对各种情况，将办事和工作的效率最大化，才能确保在激烈的竞争中立于不败之地。

5. 为人处事要掌握看人的学问

俗语讲，知人知面不知心，在这个日益纷繁复杂的世界中，每个人在社交时都会或多或少地包装、掩饰自己，留给他人的往往都是一些表象。因此要想在这个社会中立足，就必须掌握一些看人、识人的方法。

从谈话中判断对方的本性

即便人的言谈都是表象，但一般而言，从一个人的言谈中就可以看出他的性情。比如在日常生活中，我们总能通过一个人说话的语速、语态等判断他的态度。这种态度是他本人尽力掩饰的，但还是会通过他的言行表露出来。

在商界，联想集团创始人柳传志就善于从言谈中捕捉信息。有一次在召开公司大会时，他发现员工在发言时总是吞吞吐吐，完全失去了企业家的风度，因此他就判断企业内部的凝聚力出了问题。随后他立马展开调查，并采取了相应的措施，才使企业顺利解决了军心涣散的问题。

不难看出，说话的语速可以暗藏极大的信息量。一般而言，语速快的人总是善于言谈，而语速慢的人，一般都比较木讷。但这也是相对的，有时一些能言善辩的人也会变得无话可说，而一些平时不善言谈的人却变得滔滔不绝。当出现这种情况时，我们就要开始注意了，因为一般而言，除非发生一些事情，否则人不会出现如此大的反差。

除了语速之外，语调也可以反应一个人的内心。因为在日常的对话交流中，人们总是习惯于通过提高声调的方式来壮大自己的声势。著名钢琴家肖邦就曾有言：“当一个人想反驳对方的时候，最为简单的方法就是拉高嗓门。”

用口头禅来看人的内心

在日常生活中，每个人或多或少都会说“口头禅”，而这些在不经意间说出的话，恰恰可以真实地反映一个人的性格和特点。因此，只要平时多留意，就可以从他的“口头禅”中洞察到他的内心秘密。

比如经常说“绝对”的人一般都有些自以为是。在与人沟通时，他们总是把“绝对”挂在嘴边，总是以自我为中心，而当这类人的观点被别人否定之后，为了顾及面子，他们总是会找一些借口去解释。一般而言，这类人不会取得什么大成就。

习惯说“我”的人则比较天真，在日常生活中，他们经常会强调“我”“我的”等。儿童一般都比较爱说“我”，不过研究发现，有很多成年人也习惯于类似的表达。心理学研究表明，这类人并不是想将自己的观点强加到别人身上，而是想强调自己的存在，是一种非常天真的表现。

从对方的眼神洞察其特点

著名思想家爱默生曾说：“人的眼睛和舌头所说的话一样多，不需要字典，却能从眼睛的语言中了解整个世界。”正如他所言，在很多时候，人的眼神都会出卖自己，通过对方的眼神，我们就可以看出他的所思所想。

比如，当你想判断一个人对你到底有没有好感时，你就可以去观察他看你的眼神，因为当一个人对另一个人有了好感之后，他首先不会在言语上直接表露，而是会以欣赏的眼神来关注你。

而当一个人对另一个人表示拒绝的时候，他往往会以一种不屑，甚至不情愿、愤怒的眼神来看对方，通过观察，我们便可以轻易地判断出对方的感情倾向。

此外，当你与他人面对面沟通时，如果对方在你讲话时眼神不断移动，那就说明对方对你所讲的内容可能不感兴趣。而当两人交谈时，一人滔滔不绝，但另一个人却始终低着头，这就只能说明低头者正在藐视对方。

从走路姿势判断对方的个性

一般而言，每个人都有属于自己独特的走路姿势。虽然这些走路姿势都由人的身体结构决定，但是性格、情绪变化等都会在一定程度上影响到人的走路姿势。如果一个人心情舒畅，那他走路就会比较轻快。反之，如果一个人心情不佳，那他走起路来步伐必然会比较沉重。

心理学家简·布鲁西曾通过观察表明，人的行动与性格有着很大的关联。通过一个人走路的姿势、吃饭的方式、哭的样子，就可以推断出他的性格和内心特点。比如说从人的走路姿势来看，步履如飞的人一般都充满活力，而步伐稳健的人则一般会比较沉着冷静。

有的人走路大摇大摆，这种人一般比较自满。而走路偷偷摸摸的人，一般都存在自卑倾向，不想引起他人的注意。走路着急且经常变换方向的人，往往性格比较急躁。有的人无论遇到什么事，走路都非常缓慢，这类人则属于慢性子，做什么事都不急不躁，也不会好高骛远。

从饮食习惯识人

人的饮食习惯都是从小时候开始养成的，久而久之，会逐渐演化成一种无意识的行为。因此吃饭时一个小小的举动，或许也会很轻易地泄露自己的内心想法。

比如喜欢独自进餐的人，他们的性格一般都比较孤僻，甚至会有些孤芳自赏。但他们在日常生活中则比较稳重，做事责任心强，经常可以保持言行一致，容易跟人成为值得信赖的朋友。

有的人喜欢边吃饭边看书，这类人一般胸怀大志，有着很多的计划和梦想，因此需要争分夺秒来提升自己。在日常生活中，他们也会经常性地考虑时间成本，通常在同一时间内会考虑很多件事。

还有的人喜欢边走路边吃东西，就这类人而言，他们的生活一般都比较忙碌。不过他们不善于规划，缺少计划，做事容易冲动，经常出现做完一件事之后才发现不符合自己兴趣的情况。在工作中，他们也不能很好地去支配自己的时间，因此会带来很多不必要的麻烦。

6. 有些人要尽早断绝往来

人往往容易在自己最亲密的朋友身上吃亏，就好比在最安全的地方，人的思想就容易松弛，而一旦交友不慎，对自身造成的伤害自然不言而喻。因此面对生活中的某些朋友，彻底断绝与他们的交往，或许才是明智之举。

有心理学家就认为，应尽量避免与下列这几种朋友的往来，并应利用你的时间、金钱和精力去经营其他的友谊，去做你应该做的更重要的事情。

志不同道不合不应交

两个人能成为朋友的基础，是双方有着共同的理想和志向，如果两人在这方面差别很大，那就很难成为真正的朋友。志不同道不合，双方也会很少有共同话题，缺乏交流的机会，自然很难去了解彼此，就更不要说欣赏对方了。

总而言之，生活中这样的朋友，关系一般都只会停留在表面，很难继续深入，即便当你遇到困难时，他也会很少帮你。

不靠谱的朋友应断交

在与人交友时，友情往往是互惠互利的，任何一方的复出都应得到回报。但在日常生活中，我们总会遇到很多只索取不付出的朋友，他们似乎与你关系不错，但很难靠得住，当你遇到困难时，你也很难从他那里得到帮助，这样的朋友应该果断与其断交。

远离势利小人

古往今来，出卖朋友为自己邀功请赏的人不在少数，在我们扩大社交圈时，也应注意类似的人。

宋代时，王安石有个朋友叫吕惠卿，不过吕惠卿并不能算他真正意义上的朋友。后者为人阴险，与王安石本就不属同一类人，他攀附王安石就是看中了对方的权势和地位，而当吕惠卿得到好处后，又开始诬陷王安石，最后彻底背叛了王安石。

在日常生活中，这类人往往善于攀附权贵、见利忘义，在你得势时，他们总是对你阿谀奉承，而当你身处低谷时，他们往往会弃你而去，而且还会落井下石。他们很少懂得真诚，有的只是势利，因此要注意趁早远离这些人。

谨防两面三刀的“墙头草”

有的人经常当面一套，背后一套，对待这样的人应该慎而又慎，更别说与他们成为朋友。

这类“墙头草”们经常当面把你夸得天花乱坠，说一些忠贞不二的话，但是在背后，他们总是另一副面孔。《红楼梦》

中的王熙凤，就被人称为“明是一盆火，暗是一把刀，脸上笑着，脚下使绊子”，她表面上温雅随和，但骨子里却渗透着尔虞我诈、钩心斗角。

“墙头草”们的一个通病是：容易搬弄是非，当着你的面说别人的坏话，而当着他人的面说你的坏话。他们最惯用的伎俩就是伪装，因此这类人是千万不能结交为朋友的，否则会让你吃尽苦头。

远离重利轻义之人

即便是具备感情基础的朋友，或许也经不起利益的诱惑，在利益面前，人与人之间友情的天平会失衡，甚至崩塌。

日常生活中，类似的事例也不在少数。很多人会因为一点小利而致使友谊破碎，甚至在亲人面前，也有人会翻脸不认人，因为比起情义，他们把“利”看得更为重要。因此，这种人不能交往。

酒肉朋友不可交

对于酒肉朋友来说，当你给予他好处时，他就会表现得与你很亲近；而当在你身上得不到好处，或者你需要他帮忙时，这些人总会远离你。

例如，有一位国企员工，同部门的几个人都非常要好，经常出去聚餐喝酒，在酒后吐槽公司的现状时，每个人都牢骚话不断，后来公司领导得知了此事，并打算处罚这位员工时，其他的几人竟无一人替他说话，这令这位员工十分震惊。

通过这个事例，我们不难看出，酒肉朋友一般都不靠谱。

注意要慎交俗友

在日常生活中，总有一类人只跟你谈物质、谈金钱，我们将这种人归为“俗友”。在长期的交往中，“俗友”并不一定会对你产生多大的危害，但在无形之中，你会受到他们潜移默化的影响，因此与这类人长期交往，你难免也会变“俗”。

与此同时，当你在生活中遇到困难需要人帮助时，他们很少会及时伸出援助之手帮助你，对于这类朋友，应付即可。

不交悖人情者

一般而言，亲情和爱情都可以称作人之常情，如果一个人在对待人之常情时态度恶劣，那么这个人在对待朋友时也会习惯性地出现问题。他们总是表现出自私以及为了达到目的不择手段的一面。在你身处低谷时，他们会习惯于落井下石、过河拆桥。与这类人成为朋友，注定也会带给你一些难以预料的问题，因此要尽量远离他们。

远离带着面具的“好人”

生活中不乏一些带着面具的“好人”，他们成天都面带笑容，表现得极为友好。但在暗地里，他们总是用尽各种手段去诋毁别人、拆别人的台。这种带着面具的“好人”，往往会使你被暗算了还蒙在鼓里。

这类人的特征是，在公众场合碰面时总是主动与你打招呼，表现得很热情。而为了博取你的欢心，他们甚至会顺着你的话一直说下去，即便不认同你的观点，也无碍他们继续滔滔不绝。

不过在发生利益冲突时，他们总会毫不留情地去争取属于自己的那份微小的利益。而在那时候，他们的真正面目也会暴露。

第二章

学会从细节看透你的周围

1. 第一眼看清对方的心

人们都说“眼睛是心灵的窗户”，可见，眼睛是了解一个人内心品质的第一窗口。安斯蒂说“眼睛是内心的索引”，通常来讲，你心里在想什么，你的眼神都能相应地流露出各种迹象。正所谓“会说话的眼睛”，读懂眼睛在说什么，你就能翻译出内心真实想法。

众所周知，眼睛是人体的重要器官，更是被称为“五官之王”，观察人的眼睛、分析人的眼神是由来已久的重要识人方法，第一眼就能看透对方的内心。眼睛流露出的种种变化都是在表达一定的心理内容，不论人如何竭力掩饰，眼睛都不会说谎，言语动作态度都可以用假装来掩盖，而眼睛是无法假装的。说谎者与诚实的人同样可能去直视提问者的眼睛，但是瞳孔和眼神是无法藏起来的。所以说，我们关注眼睛时，更多的是关注眼神，而不是眼睛的大小圆长，那无助于我们提取出最准确、最核心的信息。

如果你和一个人在交流，对方的眼神没有朝向你，而是埋头于桌案前，又或是凝望远方，那说明对方的注意力根本就不在你身上，没有投入到你所说的业务中来，而是在思考着其他的事项。可以说，商业谈判中发生这种情况，那么对方一定是在盘算、权衡这场交易的利害之处，对方是一边聆听你的陈述，一边深入地思考着，试图给出更好的解决策略。当然，在日常生活中，我们与朋友谈心谈话，朋友的眼神出现游移回避，那说明他对你的话语并未产生兴趣，甚至还有一丝不耐烦的心态。

测谎是一件简单的事，因为眼神确乎会出卖人的内心秘密。真的假不了，假的也真不了，很多人就是凭借对眼睛的观察来判断人说谎与否。人说谎的时候视线会向着右上方，因为这表示此人正在脑子里飞速地编织着一个完美的“解释”。另外，人在说谎的时候瞳孔会放大，这是因为瞳孔受着不由自主的神经系统支配。还有一种最迷惑人的情况是，对方具备超强的反侦察能力。你盯着他的眼睛，他不躲闪不回避，而且眼神凝定，直接看着你的双眸给出你想要的答案，这种情况最不易被察觉，极有可能是早已构思好了谎言待你提问。

眼睛是泄露内心秘密的信使。你要想第一眼就能看透对方的内心无疑是困难的，必须要有丰富的阅历和极其敏锐的观察力，并非一朝一夕所能成就的。好在，眼神观察的角度多，变化多，能提取出极为丰富的讯息，即使是受过专业训练的特工也无法做到完全掩饰眼睛的某些特定的表现。有首歌唱道：“你的眼睛背叛了你的心。”

2. 在谈吐中观察人的心理反应

生活中，我们每天都在遇见形形色色的人，和这样或那样的人打交道，经过一段时间后，其中有部分人能成为我们的知心好友，而有些人我们又唯恐避之不及。回想一下，我们从什么时候开始产生这样迥异的心理印象呢？

通常，我们见到一个陌生人，首先会去打量他的外表，包括相貌、穿着、身高、体型等方面。可是仅仅停留在打量观察的层面上，根本无法深入了解对方是怎样的一个人。为了得知某个人与满大街形形色色的人有何不同，我们必须打破这种静态的局面，和他发生联系。最好的办法就是交流，从语言密码中破译他人的心态。毫不夸张地说，我们在与人交往中，仅从谈吐、用词方面，就可以窥视其内心状况。

初次交谈中，含蓄的语言是最常见的一种方式，是独具特色的汉民族语言传统。可是生活中有人就偏偏反其道而行之，大大咧咧、没心没肺地高谈阔论，看上去直来直去，实则会被人讥讽"缺心眼"。一个人对着另一个人说话，轻易就把自己的不满情绪倾诉给初次见面的人听，这种人大概率来讲都是见识轻薄、没有心机的人。而谈吐粗俗，不听对方说话者，只顾自己滔滔不绝，口沫横飞的人，都是属于自恋型的人格。只要在这种人说话的时候，“嗯、嗯”地静静听他说，就可以得到他绝对的好感。

初次会面，我们都能听到几句客套话，可随着我们愈深入交谈，则愈能暴露出对方的真实面目。尤其是在遣词造句上，对方惯用的语言、语气和声调，往往反映了一个人最真实的生活作风和心理状态。如果我们能够深入地分析对方谈话的语言口气、语速声调、用词遣句，就能获取对方的内心动态，探知一个人的真正性格，这是增进人际关系的必由之路。人们常说“言为心声”，正是因为语言和内在性格的关系，自古以来，人们经常通过“闻声识人”来判断这个人的性格及心理特点，也因此有了很多流传至今的故事和相关论述。

人们在谈话时，往往会谈论自己感兴趣或关心的话题。在这些话题的谈论中，人们会有意无意地描绘出自己的心态，因此通过倾听人们的各种话题内容，能洞察其真实的思想和个性。一个人谈论生活琐事较多，那说明他属于安乐型的人，比较关心生活的舒适和安逸；如果谈论工作较多，则说明他属于事业型的人。交谈时，对方与你话家常多半是因为他看不出你的真意。对方先与你谈一些和主题无关的“家常话”，这是表示他想了解你的实力，侦知你的本意，试探你的态度，然后好转入正题。这种人是很有心机的谈话对手，值得好好对付。

3. 从举止风度上察看心理

心理学家莱恩德曾说：“人们日常做出的各种习惯行为，实际反映了客观情况与他们的性格间的一种特殊的对应变化关系。”一言以蔽之，透过人的许许多多习惯性的行为举止，我们能大约画出一个人的性格轮廓。从一个人的行为举止能够看出来这个人的大体涵养与礼貌，这是从一定的角度看待一个人的重要环节。

有时候，一个看似简单的打招呼，也能给我们提供一个了解对方的机会。比方说，从远处看到熟人后，不但不立刻迎过去，反而装作看不见似的选择左行或右拐，甚至假装在接电话。这种情况的发生，要么是因为自己心虚，于人有愧，不敢直视对方，要么就是和对方有嫌隙，打心眼里要和这个人老死不相往来，不想再见到这个人了。

再比如，经常喜欢点头的人，比较擅长关心和体贴他人，懂得如何去配合他人，并且能够适时地表达自己的认同，可以强化说话者的自信和深入思考交流的欲望，令其充分表达内心的想法，使双方都能够收获满意的结果。而心不在焉的人常常不重视谈话的过程，更不在乎对方到底讲了什么东西。这种人大有人在，一般都是拖延症晚期患者，做事拖拉，注意力涣散，整天浑浑噩噩，得过且过。如果遇见这样的人，切不可深交下去，他只能仰仗你来脱离困境，而你很有可能会被拖垮拖死。

再者，举手投足之间也能看出一个人的心理和性格属性。尤其是比较引人瞩目的小动作，就比如说腿脚经常抖动的人，不管是开会也好，与人交谈也好，还是独自在那儿工作，总会下意识地颤动脚尖或腿部。这种人很善于思考，但也很自私，经常对与己无关的事无动于衷，以自我为中心，即使是对自己的亲朋好友也不愿多出一份力。

本杰明·富兰克林认为：一个人的行为举止、风度仪表是展现一个人外在魅力的主要方式之一。一个人的心理状态会外化在语言行动等方方面面，想要看懂一个人不妨先看他的举止风度。优雅的行为举止使人风度翩翩。即使最普通的职员，只要他们行为得体、举止规范，也会使人肃然起敬。在试图获得他人的好感或者欢迎时，一个人外在的行为动作、举止表现往往比内在的、抽象的品性这类东西具有更大的作用。热情友好、彬彬有礼的言谈举止会使人通身舒畅。在这种友好的交往中，成功往往就会到来。也就是说，亲切友好的行为举止会有助于事业成功。与此相反，不良的行为举止、粗鲁莽撞的动作只会使人顿生厌恶之感。

4. 由爱好读懂几类人

这节我们来聊聊关于爱好的一些事情。每个人都会对某些事情有一些特别的偏好和兴趣，这个我们把它称之为爱好。爱好亦是我们了解一个人的密码，有的时候，光凭爱好就知道对方是哪里的人。俗话说，一方水土养一方人，各地不同的水土也造就了各地不同的风土人情，有的爱好是大众性的自娱自乐，但有的爱好一说出来，马上就能辨别出地域特色！如果你碰上个人，跟他说“这串儿不错”，东北人第一反应想到的是“羊肉串”，四川人第一反应想到的是“串串香”，而大部分北京人想到的则是“盘珠子”。因为北京人的一大爱好就是盘手串，他们的眼里容不下干干巴巴、麻麻赖赖的东西，一定要包浆、上色，盘得它通体红润才肯罢休，在这种信念的驱动下，他们抓住一切机会盘串。

由爱好去了解一个人的生活习惯是有迹可循的，同样地，由爱好去认识一个人的心理也是行之有效的。举个最简单的例子，生活中绝大多数人都会运动，不同的人会选择不同的运动方式，这往往是一个人心理的反映，同样可以看出一个人的性格。喜欢踢足球的人就是看中了足球带来的刺激和兴奋，可以说这类人都是非常积极正能量的，对生活保持着乐观向上的态度，脑子里充满进取获胜的念头。喜欢慢跑的人性格比较温和亲切，和人交往的时候开放热情，能够与不同的人建立良好的人际关系，因为他们看得开，没有那么大的野心，是安于现状很知足的一类人。而喜欢坚持步行的人，在待人接物方面就如同走路一般，既不张扬也不浮夸，但他能够由始至终地坚持下去，他们很有信心且很有耐心去做好每一件事情。

一般来说，如果一个人喜欢刺激感强的活动，例如赛车、篮球、登山等，说明他的体质较好，体内偏热，性格也外向一些。如果一个人倾向于安静的活动，例如弹琴画画、吟诗品茶，则说明他性格有偏静的一面。有些人既喜欢刺激的项目，也喜欢安静的活动，说明他在性格上有两重性。有些人除了工作之外，并没有什么特别的兴趣爱好，则说明他是一位生活情趣较少，感情也略显贫乏的人。喜欢新奇事物者，往往心态年轻，但稳定性较差；固守一直以来的兴趣爱好，则说明这个人喜欢稳定，并且能够坚持。

自古以来，那些成功的人、优秀的人，在从政、经商之余，还会读书、健体、习书、学画、尚武、为文、弹琴、吟诗、旅行、垂钓、品茶、对弈……总之，他们选择与自己的事业身份和品格相融、相称的爱好来充实和丰富自己的人生。他们的个人业余爱好也与自己的事业相映成趣，相得益彰。

5. 穿着打扮会突出个人个性

都说“衣服是穿给别人看的”，人们都是迎合别人的审美去着装打扮的，其实不然。“衣服是文化的表征，衣服是思想的形象”，凭借一个人的穿着就能得出一个人的个性和品格，现实生活中的种种迹象都在印证这一结论。美国心理学家认为，从一个人对服装颜色和服饰的偏好上，往往可以推测其心理。人们对一件衣服的满意程度如何，其实都是由他们真实的性格决定的。

在日常生活中，有的人为了某时尚服装不惜拿出一个月的工资，想法设法买到最新款，花尽心思去购得自己喜爱的衣服。殊不知，当一个人绞尽脑汁地选衣服的同时，也会把审美品位、心理状态公之于众。比如，有一种人，平时穿戴打扮根本都不知道自己到底是什么样的偏好，更不用提发自内心的所爱之物，他们的选择偏好以时尚流行为转移，向潮流看齐，对流行俯首帖耳。通常来说，这种人心底深处都会有一种孤独感，他们的情绪也常常波动不安。与之相反，另一种人对于当今的潮流趋势不闻不问，一心只遵从固有的生活习惯，不在乎别人的眼光和议论。这一类人的个性相对强硬，一味地活在自己的世界里，常常以自我为中心，从未融入外面的花花世界，追求特立独行，这样的人常常令大家感到无法亲近。

一个人随着年龄的变化，心理成长的同时，穿衣风格也会发生巨大的变化。聊聊我自己，从前，青春期前期我爱扮大人穿黑白灰，因为黑白灰总是酷酷的，也代表了大人的成熟与稳重，以及我想要快点长大的心境。青春期中期我爱尝试彩色的服装，因为我认为这个世界就是彩色的，充满着未知与新鲜。格纹是我最爱穿的图案，当然也因为它衬我的气质。青春期后期，经历了许多碰撞与摩擦，我了解什么是适合我的，逐渐摸索和建立了自己的边界，成熟稳重的色调成为了我的服饰底色。我开始不需要依靠鲜亮夸张的衣服吸引眼球，当然，我还是爱这些美丽的衣服。

人如其衣，衣如其人，服饰可貌相，品色能识人。从色调上来讲，总是喜欢把黑色衣服穿在身上的人，多少都会是一个不善于社会交际的人，他们无非是用黑色来掩饰自己内心的不安或恐惧。平时喜欢穿深蓝色衣服的人应该是一位优秀的决策者。这样的人凡事都会缜密思考，比较容易成就事业，以男性居多。常穿灰色衣服的人通常会是一个不容易相信别人的人，他们凡事一定会处理得非常完善才认为是大功告成，否则他们宁愿不做。

6. 看破脸上的表情变幻

一位非常知名的企业家招聘公司的高级主管，初选时不看人的学历学校，而是告诉应聘者只需提供两样东西即可：照片，姓名。人力专员对此不解，企业家则称：一个人的脸上，完全呈现着一个人的一生。这个故事听起来像个段子，但是随着阅历的增长，我不禁发现，细节透露人生，每个人的脸上，写着的都是自己的生平。尤其是脸上的微表情，作为心理应激微反应的一部分，是由人类的本能发出的，谁也无法伪装。一个人的喜怒哀乐都是通过脸上的微表情、微反应来呈现的，在日常生活中，如果我们能够看破一个人脸上的表情变幻，无异于找到了读懂他人内心意图的最准确的线索。

看过蒂姆·罗斯领衔出演的 *LIE TO ME* 的人大概都会为男主的火眼金睛所折服，剧中出现了不少通过肉眼来分析微表情的桥段，并且成功戳破谎言。男主的火眼金睛没有放过别人脸上的任何蛛丝马迹，轻松辨识谎言，称他为移动的“人体测谎仪”真的毫不为过。观众被表演惊艳到的同时，对剧中不少的微表情理论大呼过瘾。就比如说，男人说话时揉鼻子就是在说谎；人的眼睛向左看是回忆思考，向右看是说谎；边摇头边肯定，是在说谎……显然，电视剧的创作在一定程度上夸大了微表情神奇的作用，不过由微表情来看透一个人的内心想法确实是可行且可信的。脸上表情变化的间隙，甚至是某一瞬间的表情里，每个人的脸都会不由自主地呈现大脑正在思考的内容。信息泄露的过程极为短暂，最短可持续 1/25 秒，如果不是有心观察的话，微表情从诞生到消失的整个过程都很难为人所识别。即使是在面对面的交流中，也只有 10% 的人能够察觉到微表情的存在。

尽管微表情会被人们的眼睛忽略，但大脑仍然会受到影响。微笑被认为是一种展示幸福、快乐和友善的信号。微笑是容易感染人的表情，当你朝某个人微笑的时候，不管是否发自内心，对方都会相应地嘴角上扬。不过，同样是保持笑容的面孔，在表示友好的“微笑”表情中，增加 1/25 秒的“嗤笑”，人们则会判断这张面孔是“不可信任”或者“狡猾”的。所以说，微笑也不一定是真诚的，微笑也能藏匿谎言，包括那些微小的肢体动作也同样会向对方的大脑发出“不可信”的信号。微笑具有感染力，也常常被人用来掩盖真实的想法。比如，有的人在谈论自称是让他快乐的事情时，脸上露着欣慰的笑。但如果他的感受是假的，很可能会有一种别的什么表情飞快地掠过脸庞。这种短暂的表情被称为瞬间表情，它是被蓄意隐藏了，但是，它随时可能会跳出来打主人的脸。

7. 各种各样的笑声传递心理信息

有人认为，笑容是最难解读的表情，是一种最为复杂的脸部运动。心理学研究表明，一个人的性格决定了其笑的方式。的确，微笑可以在各种各样的社交环境中发生，即使没有相应的情绪烘托，人们也可以做出礼节式的微笑动作。

喜欢捧腹大笑的人，通常来讲都是比较开朗乐观的人，他们笑得自然畅快，心胸阔达，对于人或事少有嫉妒心。对于开心的事情能够不顾及形象地开怀大笑，无拘无束，不为外人的目光所囿，自己开心的同时还能给别人带去快乐。他们与人相处的时候往往更注重心与心的沟通，不在意贫富、能力的高低。可以说，这种人不势力、不欺软怕硬，是交友的不错人选。

笑起来很夸张、很用力，甚至会全身颤抖、笑出眼泪的人，感情生活往往比较丰富，具有爱心和同情心，乐于助人且不图回报。这样的人，生活态度积极向上，有一定的进取心和上进心。

喜欢狂笑的人，跟他们的笑声极其相符，属于比较狂野的那种类型。平常情况下，他们看起来比较冷漠，甚至有些木讷，可一旦刺激到他们的笑点，他们就会狂笑不已。他们重情义，虽说在外人面前表现得很冷漠。

笑声平淡温和的人，性格一般比较沉稳，而且非常明事理；能够换位思考，站在他人的立场上思考问题，并对事情做出冷静的分析；善于化解矛盾，处理纠纷。

如果笑起来断断续续，有时候听起来还有点怪怪的味道，这一类人比较看重物质和金钱，因而很多时候会显得非常势利和现实。

比较少见的是一个人经常悄悄笑，这做说明其性格偏内向，具有一种隐藏自我的防卫意识。正因为如此，这种人笑的时候，总给人一种很虚假的感觉。不过他们的心思是相当缜密的，无论是面对大事小事，都能处理得十分妥当。

我们都知道，笑容常常是一个人在心情非常愉悦时才会有的表情，但是有时笑容出现在脸上，并不代表着对方是在表达高兴、开心的情绪。在某些特殊的状况下，笑容往往是情绪走到极端的扭曲表现，传递愤怒、绝望、无可奈何的信号。比如讲，很多人烦心时会去酒吧借酒浇愁，而当他们喝得酩酊大醉时，有可能发出大笑，此时的笑，乃是一种无比绝望、无比痛苦、无比伤心的笑。

笑声很复杂，它有很多种指向，我们不一定能轻易明白对方到底在笑什么，但是这个人笑的方式能够帮助我们了解这个人的一些性格特征。

8. 通过握手了解他人的心理状态

握手是与人交往建立关系的一种礼仪性动作，初次见面的时候，两个人常常会通过相互握手来展示自己的友好和诚意。手是人体中触觉最为敏感、动作最多最明显的部位，所以观察一个人的手势，往往能及时捕捉到他发出的各种信息。如果再放大仔细看的话，我们还能从握手的同时了解对方的行为习惯和性格心理，乃至建立“第一印象”。无论是亲朋好友相见，还是社交场合中陌生人之间的应酬，握手的动作虽然简单，但握手的瞬间却能给人留下一种很特殊的感觉。

当你和一个人握手的时候，对方仅仅用手指握住你的手，而与你并没有掌心上的接触，那么这个人很大程度是性格平和、心地善良、富有同情心的人。当对方握手时手指是全部弯曲的，这个人很有可能是体贴友善的人，而且对人有求必应，责任感很强，尽职尽责。有时握手，虽然对方只是轻柔地触握你的手，让你感觉他有些漫不经心，但其实他可能是一个随和洒脱的人，遇事不偏执。

有时候，对方会非常用力地握住你，甚至令你感到疼痛，这样你就能明白，对方是个争强好胜的自大者。这种人精力充沛，自信心强，甚至以自我为中心，不顾及他人的感受，有专断独裁的倾向，迷恋权力。

而当一个人握着另外一个人的手，很长时间都没有收回，就说明他很有耐心，在与人交往的过程中，总是能够游刃有余地处理好各种关系。表面上看起来，这种人平静泰然，但实际上他们是在用语言姿势等掩饰自己内心的不安，他们并没有想象中的那么坚强，而是慌乱地提防着。

握手时力度适可，动作稳重，双目注视对方的人坚毅坦率，有责任感，很可靠。握手是一种显示力量的表现，如果他的力度适中，说明他很懂得拿捏分寸。用这种方式，可以表达信任和亲密的感情，而过分殷勤地同对方握手，或怀有某种目的一再同别人握手是做不到这一点的。

握手是一门艺术，通过别人传递给我们的信息，我们能窥探到他们的内心世界。通过握手的力度、手指摆放、掌心摆放等细节，我们可以了解对方的性格特征、心理行为和处事方式。握手是下意识的动作，会流露出对方内心不为人知的秘密，能传达出尊重、热情、鼓励，或者敷衍、逢迎、傲慢等情绪。

在心理学家看来，最好的握手方法是力度适中，直视对方的眼睛。这么做，一方面能展示出你的从容自信，另一方面又能表现出你的诚恳。通过握手这一方式，我们可以为彼此搭建心灵互通的桥梁。

9. 准确地分析对手

在战场上，一条有价值的敌方情报足以抵上千军万马的攻城掠地，甚至能决定战争的最终走向。同样地，在商场上，一条有价值的商业情报能带来意想不到的竞争优势，帮助我们打败对手占领市场，因此能决胜于千里之外。由此观之，学会分析对手，收集情报，获取可靠的、高价值的信息，对于渴望超越竞争对手、获取升职加薪的职场中人来说，才是最有效的途径。正所谓，“善战者，无赫赫之功”“故善者之战，无奇胜，无智名，无勇功”。真正的高手都是无声无息地解决对手。

职场是一个非常庞大的舞台，在这个舞台上的每人都担任不同的角色，但是因为不同的人成长环境也不同，所以他们的思维方式、生活习惯、性格心理以及三观存在巨大的差异。每个人的实际情况有很大的差异性，尤其是这些人的内在状态和思想感情都各不相同。有的人喜欢把白己隐藏起来，带着伪装的笑容和人交往，让人不禁产生“丈二和尚摸不着头脑”的感觉。可是，只要细心观察，深入思考，你会发现这些面具或伪装都不过是浮于表面的泡沫，一戳即破，这样你在与对手竞争或协作的时候，更容易占据主导权，拥有更大的胜算。

前面我们已经讨论过从外貌、行为、兴趣等各种细节之处去正确地认识一个人，同样地，这些方法也能帮助我们正确地分析对手。

细节显人心，细节决定成败。在职场中，只要你仔细观察，往往从一件小事或一个细节，就可以判断这个人的优缺点、性格特征以及给你的整体印象。罗曼·罗兰说过，应当仔细地观察，为的是理解；应当努力地理解，为的是行动。即使对于一件再平常不过的小事，我们也都要留心，深入细致地去观察它的所有特征，捕捉常人难以发现的微末之处。观察，不但是要发现事物的核心本质，也要着力了解事物独有的特殊之处。其实，在日常生活中，我们观察发现，大大咧咧张口就答应给你办好什么事的人，看上去是大气爽快的热心肠，其实做事虎头蛇尾，不重视信用，没有时间观念；还有些人，特爱抱打不平，手伸得特别长，什么事都要横插一杠，可当你真把事情全权委托他去办时，他又唯唯诺诺，给你打马虎眼，找各种理由推脱搪塞。

印度诗人泰戈尔说得好："任何人一旦学会了眼睛的语言，表情的变化将是无穷无尽的。"眼睛在人的五种感觉器官中是最敏锐的，信息接收量约占感官信息的四分之三以上，可以说，眼睛是重要的观察媒介，也是我们观察一个人、分析一个人最不可或缺的一道窗口。一个人的所思所想在多数的情况下都在他的眼神中展露无遗。一个人内心深处的感情与欲求，都投射在眼神中，比如说视线的停留处、移动幅度、移动方向、移动频率都在表现一个人的思想状态。读懂一个人的眼神，便能把一个人的内心状况尽数掌握，连他有什么歪点子都能窥探一二。如果能熟练运用这些观察法，那么分析一个人、一个客户、一个竞争对手，取得想要的沟通效果，乃至胜利，就易如反掌了。

10. 考察别人的意图，了解别人的意愿

商业的谈判沟通从来都是在双方的博弈中达成一致的，在你来我往的较量中，在毫不退让的僵持局面里，我们也要试着学会去考察别人的意图，了解别人的意愿。当然，这一切只有建立在准确分析对手的前提上才能成立。你为什么在与客户交流的时候三缄其口？为什么每次向上司汇报工作时你总是如履薄冰？为什么和你喜欢的那个他在一起时你总是猜不透他的想法？人与人之间的交往，通常都隔着一层虚伪的面具。有的人心机颇重，不可深交；而有的人心地纯良，则可肝胆相照。在复杂的人际场上，你是否具备一眼就看穿别人的过人眼力呢？有人说，一个人能否获得成功，85% 是由人际关系决定的，而知识、技术、经验等因素只占 15%。一个人层次越高，越懂读心术，越能从细微之处、从对方角度出发读懂对方的想法。我们每个人的内心都是一座城，学会观察，学会将心比心，了解别人的意愿才是打开对方城门的捷径。

谈判过程中，双方都急于表达自己的利益诉求，而忽略对方的真实考量，很显然，这样只有倾诉没有倾听的沟通无法取得令双方感到满意的结果。懂得倾听，在很多时候比懂

得怎么表达更加重要。当一个人凝视着你，非常注意你说的话，直到你说完，他甚至不需要附和你，不需要发表自己的看法，你就会觉得他尊重且理解你的观点。“动人心者，莫过于情”，当你懂得用倾听、用感情去打动对方的时候，你离成功已经前进了一大步。就算你的嘴巴不够灵巧，但是你的沉稳、理解、接纳也会让胶着状态下的谈判双方态度缓和。

在上下级关系中，我们更要学会揣摩领导的心思。领导的意图有的比较明确，没有任何歧义，可以直接执行；有的含糊不清，甚至领导也没有完全考虑成熟；有的虽然明确，可是领导在表达时比较委婉，需要身边的工作人员心领神会；有的完全没有可执行空间，只是表达了简单的肯定或否定。无论哪种情况，领导身边的工作人员都需要运用自身智慧，调动自己掌握的多种知识和有关情况综合判断、缜密思考，准确领会领导意图，抓住领导思想的闪光点，加以挖掘和深化，并将领导意图化为具体行动，落到实处。如果不能准确领会领导意图，就会事倍功半，甚至南辕北辙，出力不讨好。要想真正领会领导意图，除了在领导身边工作外，你还要勤于学习与观察，做到倾听又会听，服从不盲从，听出领导的言外之意，察出领导的内心变化，悟出领导的真实意图。

第三章

度小人之心才能立于不败之地

1. 在别人最需要的时候伸出援手

人生在世，谁没个急事难事？在别人最需要的时候搭把手、出份力，不仅帮助他人摆脱了困境，而且锻炼了自己处理突发事件的能力，何乐而不为？我曾经遇到这么一件事。上大学的时候，我比较喜爱视频编辑，自己常常去户外拍一些小视频，回来后学着用视频软件拼接组合。为了以最为酷炫的方式呈现出来，我又不得不恶补相关的软件教程，在线向技术大神讨教操作技能，久而久之，我的视频编辑能力得到了很大的提高。刚好，我又是广电专业的，每次老师布置的视频拍摄作业，我总能以新奇的创意、精良的制作赢得老师和同学们的一致认可。有后期处理需要的各种视频文件如雪片般向我袭来，靠着这门手艺，我每个月的生活开销基本不用操心了。渐渐地，我也开始有选择地接一些活儿，优先考虑大场面大制作钱还多的单子，其他的小单一概婉拒，对我来说蝇头小利已经满足不了我的胃口。

有一天，有个同学拜托我帮个忙，给他做个用来参赛的视频，同时也是为了交期末作业。可是，我当时手上已经接了不少活儿，实在没有多余的心力去关注这个事。可是他坚持要我来做，并且反复解释这个视频对于他能否取得名次至关重要。我始终没有答应他，不仅是因为精力有限，还有就是他给我的印象很不好，有点势利，为了自己的成绩经常找人帮忙。我用各种理由推脱，直到有一次我在吃饭的时候看见他在酒店后厨帮忙，我又听人说他家境不好，一直在勤工俭学，拼命想拿奖学金。闻言，我给他回了个电话，欣然允诺教他剪辑。果不其然，我指导他编辑的视频夺得了比赛三等奖，事后他拿出不多的奖金请我下馆子吃海鲜。后来，我才知道，如果没有这个奖项，他今年恐怕就拿不到奖学金了，生活费都没着落了。

在别人最困难的时候搭把手，可能不算什么，但是对于受助的人来说无异于雪中送炭，下起了及时雨。很难想象，如果没有人帮忙的话，本在悬崖边挣扎的人又会陷入什么样的深渊。通过这次的接触，我和他之间也有了更深的了解，也发现彼此的性格相近，志趣相投。我们聊天的次数越发频繁，没过多久，他便成了我无话不谈的知心朋友之一。他对危难之际深出援手的我万分感激，我却有些惭愧，因为对于我来说，这只不过举手之劳而已。

2. 选择你的“贵人”

众所周知，人脉是一项重要的资源，人生在世不称意者十之八九，一个人的力量总是有限的，连很多成功人士、富翁大亨、商界名流都希望结交贵人。因此，我们普通人如果能和贵人打个照面，结下友谊，对今后的人生乃至事业发展都能带来很大的提升，也能够更快地取得期待中的成就。在拍电影《最好的时光》时，舒淇就幸运地遇到了人生的贵人——侯孝贤。因为侯孝贤严格的要求，舒淇放下了贪玩的人生态度，以及太容易赚取的金钱，发挥了自己惊人的演技夺得金马奖。

什么是贵人，就是资源比你丰富、比你有用、比你广泛的人，贵人不仅本身是一项资源，而且贵人所处的环境也蕴含着丰富的矿藏。有贵人相助的话，很多问题都能顺利摆平，再大的困难也能迎刃而解。如果张朝阳没有职场导师尼葛洛庞帝的点醒，也许他现在不过是个普通的中产阶级。所以说，千万不要对贵人的实力不屑一顾，他们既能给你提供大量金钱做后盾，也可能把你推荐给更优秀的人，帮助你实现梦想。我们从众多成功者的档案里就可以窥见一二，他们人生的重要转折点往往和关键人物有着不可言说的联系，并且由此结识了重要的合作伙伴，从而把人生的事业推向了巅峰。而许许多多没有浮出水面的平凡职场人士，也是因为得到贵人的提携而过上了衣食无忧的生活。

人生充满了未知和可能，任何一个举动，一件小事都有可能把人推向舞台的中央，接受众人的膜拜。一般职业生涯理论认为，二十五岁到三十五岁，目标应该放在培养专业，而非人脉上。年轻人在这段时间，并不需要刻意把重心花在建立关系上，而应利用每一次机会把事情做好，附带就建立了你的人脉。但是在人人都是高学历的时代，职场竞争白热化，专业能力渐渐成为基本条件，不再是加分选项。在职场上摸爬滚打五六年之后，结识人脉的能力、视野格局的大小，是决定一个人是否能够崭露头角的因素。贵人其实就是能给你提供知识、技能、态度或机会的人。也有人把贵人诠释为人生导师。贵人能将他的智慧传授给你，避免你犯下他曾经犯的错，让你提早成功。我们不妨多做善事，多做热心肠，予人玫瑰，通过广撒网积攒自己的好人缘，给他人留下一个好印象，久而久之，别人也会感念你的恩情，有好事会第一时间想和你分享。

3. 经过考验的朋友才靠得住

曾国藩曾说:“择友乃人生第一要义。一生之成败，皆关乎朋友之贤否，不可不慎也！”交友要慎重，乐交诤友，不交损友，患难与共的朋友最靠得住。多交益友，应当多和优秀的人来往，他们能开阔你的眼界，带给你很多的帮助，加速你的成长，随着交往的深入，你的性格品行、思维方式及行为处事会逐渐向优秀的人靠拢。所谓日久见人心，诤友、益友都是经过岁月的洗礼凸显出来的，在漫长的一生中，我们总会遇到这样或那样不友好的人，庆幸的是，时间总是能帮助我们做出最准确的评判。那些能直言不讳指出自己的错误，批评、帮助自己，能为朋友排解烦恼，能替朋友分担不幸的人，都是经过时间和危机考验的人，都是真正的朋友，都是值得相伴一生的人。虚伪善变的人可以瞒得了一时，却瞒不了一世。虚伪的人把自己真实的一面藏起来，露出本不属于自己的一面，并试图去迎合别人，违心地恭维别人，笑里藏刀。这样的人是经不起考验的，这样的友谊是维持不下去的，一旦他觉得你身上无利可图，就可能悄无声息地离你而去。

友谊是连接一个人和另一个人心灵的索桥，通过人际交往建立起来的友谊之桥，可以使人从中得到一种幸福感、归属感，通过重大考验建立的友谊之桥，可以使人从中得到一种安全感、信任感。以相貌的美丑来决定是否结交朋友，这是愚人的观察方法。而那些有智慧的人，他们首先会详细观察一个人的性格品行，是否诚实守信，是否说到做到，是否会在关键抉择上变节，是否值得依靠。渡尽劫波兄弟在，真正让你有安全感、值得依赖的好友，任何时候对你的看法都不会改变，会在你困窘无助之时雪中送炭，助你一臂之力，并不会为了个人的利益而改变对你的态度。

4. 绕开和朋友交往的十大误区

不能被第一印象所误导，交往多关注细节。曾经遇到一个女生，身材高挑，皮肤白皙，看上去浑身冒着仙气，让人颇有好感，是公认的气质女神。好多追求者都上前去搭讪，可是女神很高冷，不应不答。有一次，一个身材矮小的男生风风火火地送来外卖，女神打开包装后，脸色沉了下来，脱口而出就问候起男生的祖宗，嗓音粗哑，极为刺耳，全然不顾外人的目光。后来，去找这个女生约会的人明显少了一大半。

不要以偏概全，多看人长处。有心理学家提出，一个人对于另一个人的认知和判断往往只是从局部出发，进而扩散得出整体印象。用一种由局部决定全局的眼光判断他人的优劣，很容易陷入偏见的误区。我们识人看人，切不可以点概面，以偏概全，因为别人身上暴露出的点滴问题而对别人心生厌恶，从点滴扩散到整体，进而对他们全盘否定。片面的认识会带来片面的结论，不要人云亦云，学习独立判断。物以类聚，人与群分，交朋友要有自己的原则，守住自己的底线，只和对的人玩转人生，不和无聊之人浪费生命。不要被周围人的意见裹挟，失去自己应有的基础判断力，不要人云亦云，捕风捉影。提防小人之心，事情未发生之前，一切都是假设。

不要思维定势，应实事求是。通常来讲，看人识人的时候，我们会通过观察外貌、行为举止、生活习惯来了解一个人，在多方面观察留意的基础上，我们得出自己的判断和结论。但是在我们对某个人有了一定的了解，或者得知了某人的传闻，却没有得到确切证据的情况下，很容易仅仅依靠过往的思维模式来分析这个人。当你觉得一个人有某种嫌疑之时，会发现与他有关的所有事物都在佐证着他的疑点。

不以关系深浅作为判断标准。老师、同学、朋友、亲人都是我们在生活中非常熟悉的人，对他们产生亲近感和安全感很容易，相反，我们对萍水相逢的陌生人可能处处提防着。但是识人交友，切不可以看关系深浅，有些人是和我们相处了一段时间后，慢慢熟络起来，关系才慢慢加深的；而我们和有些人即使很熟悉，彼此知根知底，但是不知心，也很难玩到一起去。所以在判断一个人是否值得交往的时候，关系深浅不能作为判断标准。

不要埋下猜忌的种子。君子说，信用不是发自内心的，盟约抵押作用不会太大。只有开诚布公、互相谅解地做事情，用“礼”加以约束，即使什么都不抵押，天下也不能离间他们。“礼”和“信”是做人的根本，是克服猜忌的良药。人与人之间，国和国之间，以礼相待，相互信任，才能更好地合作和发展。

不要落井下石，看人笑话。当朋友遇到不幸时，很多人一时之间会感觉不知所措，有的人甚至还会说一些反作用的话，落井下石，看人笑话。正如电影《芳华》里最深刻的一句话：“一旦发现英雄也会落井，投石的人格外勇敢，人群会格外拥挤。”对于落难的朋友，我们做不到伸手以援，但至少我们应该给予足够的尊重，不谣言中伤，不恶语相加，不落井下石。“积善之家，必有余庆；积恶之家，必有余殃。”

不要把适度的赞美当作虚伪的逢迎。一个人受到别人的赞美，绝不会感到厌恶，除非对方言不由衷，在刻意地逢迎。人都是有自尊心的，在与人沟通时，尤其是在自己相对弱势的情形里，我们进行适度的赞美，能够取得很多意想不到的效果。赞美须是发自肺腑的、及时的，如果发现某个人的某些优点，不必犹豫和害羞，立即肯定他，没有比这更能赢得别人的好感了。

不要意气用事。带着情绪去做事未必能有好结果，如果我们都凭着心情的好坏去判定一件事、一个人，恐怕不仅误事，还会伤人。哈佛导师肯·林德纳说：既不要“忍”，亦不要“撒”，而是要从思考模式上，学会放下某些不恰当的思维。忍耐与宣泄，皆是手段，治标不治本，唯有思维，是源头。当你改变了思考模式，自然可以轻轻松松地避开“感情用事”的陷阱，从而为你的心灵，减减负、排排毒。

不要以自我为中心。如果一个人过分地关注自我，以自我为中心，对其身心健康发展是有害而无益的。首先他在群体中竖起了一圈藩篱，将自我与他人、群体隔离开来，使自己处于孤立无援的地位，难以享受交往的愉快体验；其次，自我中心的人固执己见，听不进不同意见，还会影响他个人潜能的发挥。

5. 充分听取别人的“逆耳”之言

多点耐心听听别人的批评，未尝不是进步的开始。一个能听得进去批评的人，非常清楚别人眼中的自己肯定是另一副面孔，别人肯定能看出自身不一样的地方，这或许是自己常常忽略的不足之处。通过充分听取别人的“逆耳”之言，能帮助我们更全面地看清自己，端正心态，改正不足。《论语》有云：吾日三省吾身。反省的时候也要多多参考他人的意见，这些建议或委婉或直接，都很宝贵。《三国演义》故事中谋士许攸再向袁绍进言时，被诬为蛊惑军心，呵斥出帐，他叹曰：“忠言逆耳，竖子不足与谋！”工作中听忠言如含苦瓜，初听之，于耳不顺，特别是坦率、直接、尖锐的批评往往让人感到挂不住面子。对于逆耳的忠言，事后要多加咀嚼品味，于我们的事业甚至一生都会大有裨益。餐桌上有了苦瓜，丰盛了我们的饮食，人生中有了忠言，提高了我们的素质。

在这个崇尚“见人只说三分话，未可全抛一片心”的社会，会说话、说好话的人多，能够对你的缺点和不足直言不讳的人少。正因如此，能够批评你的人才弥足珍贵。俗话说，心善之人敢直言，一个敢于对你的缺点直言相告的人，肯定是一个心地善良的人，肯定是一个人品好的人。回想起来，身边总会有这样一些良言逆耳的朋友。前段时间遇到一位老领导，唠了一会儿闲话后他说："我给你一个建议：你作为一个共产党员，微信转发的东西应该是经过核实的，没有核实的就不适合转发。"我很虚心地接受了他的建议。当天下午朋友圈很多人都在转发一个父亲寻找孩子的信息，要是在以往，我会毫不犹豫地转发，但我想起老领导的话就没有轻易转发，结果该条信息被辟谣为虚假信息。

6. 了解别人对自己的信赖程度

人与人交往的基础是建立在相互信任上的，在与他人交往的过程中，是信任让我们超越怀疑，愿意接受他人递过来的手。如果没有基本的信任，我们甚至不得不考察别人的每一句话、每一个行为，沟通和生活将变得非常困难，而信任的程度又决定了两个人关系的深浅。在交往中，我们很清楚自己对别人的信赖程度，但是同时我们也需要了解别人对自己的信赖程度。通常来讲，在信任的人面前，人们会真实地表达自己的想法和情绪，而不是试图掩饰或压抑。在自我暴露后感到来自他人的善意时，人们会明白“他人确实喜欢真实的我”“即使表达真实的自我，我也会被别人接纳”，于是更信任他人、更愿意表达自我，形成正面循环。在日常生活中，我们都在彼此的信任边界上试探着，不逾矩，不逾规，做出双方都接受的行为，从而将融洽的关系维持下去。但一切都基于一个前提才能经营下去，即双方都很清楚对方对自己的信赖的程度，哪些话能说，哪些不能说，关于隐私八卦能说到哪儿，双方心里大致都有一个底线。了解别人对自己的信任程度，认清自己的角色，切莫越位。

在职场上与他人共事，无论对方是客户还是公司同事，如果无法把握他们对自己的信赖度，无法做出双方满意的最优选择，将会导致顾客忠诚度降低，商务推荐人减少，与客户在金钱方面的纠纷增加，造成服务的传递缺失甚至社交媒体的公众反弹效果。客户为什么要信你？首先是你的信赖度很高，而你也很清楚自己的信赖度在客户心中的分量，才敢在客户面前提出若干条件，才会被委以重任。不然，谁敢在大客户面前装腔托大？还不是因为心中有一杆秤，充分了解别人对你的看法、别人对你的感觉，以及最终客户能够给予你的信任和资源。但是这也仅仅是能不能给你机会的问题，而想要顾客信你还是要靠结果的，当你能让客户得到他想要的甚至超越了他想要的结果，他才会建立起来初步的信任感，而随着这种结果的堆积，就会慢慢地巩固及积累出更高的信任度。

7. 朋友的四种类型

20 世纪 80 年代，台湾著名诗人余光中在香港中文大学任教时，谈笑皆鸿儒，往来无白丁。他在一篇散文中曾将朋友分为四型——高级而有趣的；高级而无趣的；低级而有趣的；低级而无趣的。

高级而有趣。在人际交往中，高级而有趣的朋友应该是最理想的朋友，但却像沙漠里的清泉那样难找。在这样的朋友面前，你可以大笑，可以沉默，更多时候，你会认真地聆听和诉说，话语会直直地到达彼此心底，时光会一下子变得宁静又飞快。今天我们读《论语》，重读孔子，我们能感受到他那颗博大与温暖的，宽容与沉思的、和谐与恬静的美丽心灵。可是，你若知道他和他的学生讲话是那样的幽默，见到美人南子时竟俯下身子去吻伊的鞋，就会明白所谓“圣人”者，却也是一个性情中人，一个高级有趣的人。

高级而无趣。“高级而无趣”的朋友就像学生时代我们耳闻目睹的一些高冷学霸，这种同学善于背讲义，每次考试都是名列前茅，但缺乏情趣，说起话来是标准的考试“答案”，没有一点幽默感。这种朋友，有的知识丰富，有的人格高尚，都是“模范生”，可惜美中不足，都缺乏那么一点儿幽默感，活泼不起来。你总觉得，他们身上有那么一个窍没有打通，因此没有思维的开阔感，也不具备充分的现实感。跟他们交谈，既不像打球那样，你来我往，此呼彼应，也不像滚雪球那样，把一个有趣的话题越滚越大。精力过人的一类，只管自己发球，不管你接不接得住。消极的一类则以逸待劳，难得接你一球两球。无论对手是消极积极，总之你不捡球，这场球是别想打下去的。这种朋友的遗憾，在于趣味太窄，所以跟你的“接触面”广不起来。天下之大，他从城南到城北来找你的目的，只在讨论“死亡在法国现代小说中的特殊意义”。为这种畏友捡一晚上的球，疲劳是可以想见的。这样的友谊有点像吃药，太苦了一点。

低级而有趣。由学生变成名教授的钱理群，一直以思想解放著称，他因研究周作人、张爱玲，前几年险遭封杀，有人甚至骂他是“资产阶级的乏走狗”。钱理群听后暗喜，觉得自己不随波逐流，未跟着政治运动起舞，不愧是吴组缃老师的入室弟子——低级而有趣。正如余光中所说：“这种朋友极富娱乐价值，说笑话，他最黄；说故事，他最像；消息，他最灵通；关系，他最广阔；好去处，他都去过；坏主意，他都打过。世界上任何话题他都接得下去，至于怎么接法，就不用你操心了。他的全部学问，就在不让外行人听出他没学问。

至于内行人，世界上有多少内行人呢？所以他的马脚在许多客厅和餐厅里跑来跑去，并不怎么露眼。这种人最会说话，餐桌上有了他，一定宾主尽欢，大家喝进去的美酒还不如听进去的美言那么‘沁人心脾’。会议上有了他，再空洞的会议也会显得主题正确，内容充沛，没有白开。如果说，第二型的朋友拥有世界上全部的学问，独缺常识，那么这一型的朋友则恰恰相反，拥有世界上全部的常识，独缺学问。照说低级的人而有趣味，岂非低级趣味，你竟能与他同乐，岂非也有低极趣味之嫌？不过人性是广阔的，谁能保证自己毫无此种不良的成分呢？如果要你做鲁滨孙，你会选第三型还是第二型的朋友‘礼拜五’呢？”

低级而无趣。“这种朋友，跟第一型的朋友一样少，或然率相当之低。这种人当然自有一套价值标准，非但不会承认自己低级而无趣，更有甚者，没有基本的是非观、善恶观，恐怕还自以为又高级又有趣呢？否则，余不欲与之同乐矣。”

8. 谨防小人有规律

在职场，小人是很容易识别的，大家都心知肚明。你如果说看到小人就敬而远之，绕道走避开他们，平时也不跟他们打招呼，小人就会很生气。因为小人往往有一种自卑心理，内心非常敏感，他们特别害怕别人看不起他。如果你完全不理他，他就会想，你有什么了不起的，整天趾高气扬的，一找到机会他就会去诋毁你，造你的谣。但是如果你跟他们走得太近，那也不行，因为小人非常善于搞小圈子，他一开始会非常热情，邀请你加入，尤其当你是单位里的新人的时候，他会试探你，拼命把你拉入他们的阵营。

初涉职场的你，有没有过与同事交往不慎，被人家狠狠地咬上几口以致身心受伤、前程尽毁的经历呢？小人处处有，你得用心防，下面要说的两件事，可能每时每刻都发生在我们身边，但是真要搁在自己身上，那份触目惊心的感觉，可就大不一样了。第一件事就是，有的人善于表演、手腕活、做事比较隐秘，专爱挑缺乏社会经验的稚嫩者下手，以假意的真诚骗取信任，待套出对方的苦衷后，悄悄地出卖一把。这种“职业杀手”往往做事比较理性，计划周详，同时一般会留有余地。第二件事就是，有时候我们也会在另一类情景里碰上小人，他们感情真挚热烈，爱也疯狂，恨也疯狂，但是心胸比较狭隘。初期热心肠，与你真诚交往，但如果你比他潜力大，那你和他的交往就维持不了多久。因为他是无法接受你的业绩超过他这个事实的，他必将不计后果、不择手段、不遗余力地拆台、暗中使绊子，直到你黯然离去。

9. 小人善变靠不住

小人是没有立场的，在他们眼里没有对错之分，只有利弊，所以他们从来不在乎自己说过什么话，表过什么态，只要发现和自己的利益相悖，就会暗地里改换门庭，投奔新东家。历史上，吕布一直不被看好，虽有“马中赤兔，人中吕布”的美誉，但他那“三姓家奴”的帽子却让时人与后人不齿。先拜丁原为义父，后因赤兔马杀丁原，接着没喘息的工夫，又认国贼董卓为干爹，当然以他的性格，后来如不是被曹操所杀，可能还会继续认下去。当年，张翼德的那句“三姓家奴”肯定让吕布恨得牙痒痒。

千万不能对善变的小人抱有任何侥幸心理，尤其是在现代这个处处充满陷阱的社会，几乎每个人都习惯给自己加上一些伪装。而且善变的小人还善于隐藏自己，把自己包装成道貌岸然的样子，俨然是一个正人君子的模样。我们常常说人不可貌相，海水不可斗量。就是因为生活中有太多人，他们在跟人交往的时候是一个样，但是在背地里又是另一副模样。人前给人的形象就是大好人一个，让别人对他心生好感，可是人后却喜欢耍阴招，让别人防不胜防。小人当着你的面能把你夸成一朵花，你转身一走，他脸色就变了，就把你贬得一无是处。他们擅长挑拨离间，在张三、李四、王五之间互相说对方的不是，而且引导你说别人坏话，离间你和同事之间的关系，在混乱的局面中达到自己的目的。

10. 小人千万别招惹

作为个人来说，我们确实也没必要跟所谓的“垃圾人”在一些无关原则的小事上争高低。小人做起事来心狠手段多，毫无顾忌，从没有什么底线可言。如果你不小心得罪了他们，他们会不择手段给你出难题，使绊子，一计不行再生一计，直到把你整倒为止。总之，小人的手段非常多，朋党也多，看看宫斗剧就一目了然了。

小人非常看重利益，对所谓的道德信仰不屑一顾，什么有效就使用什么，至于其他的就无关紧要。皇甫嵩征讨张角时，途经邺城，看到中常侍赵忠建造的住宅超过法定的规格，就上奏朝廷建议将赵忠的宅第予以没收。此外，中常侍张让曾私下向皇甫嵩索取五千万钱贿赂，被拒绝。两个人心存不满，于是报告皇帝，皇甫嵩久战不胜，没有战功，浪费了大批军用物资。于是，灵帝便将皇甫嵩召回洛阳，收回他左车骑将军的印信绶带，并把他的封邑削减六千户。

得罪小人，常常在不经意之间，就被小人陷害，也常常是懵懵懂懂就中招了。明英宗复辟后，帮他复辟的大臣徐有贞总揽事权，英宗也很信任徐有贞。但徐有贞不知道自己得罪了太监曹吉祥，曹躲在暗处处心积虑地想陷害他。

正所谓宁可得罪君子，不可得罪小人。君子造成伤害小，因为有道德束缚在，小人则不同，斤斤计较，睚眦必报。君子千万要远离小人，但又不要得罪他们，因为小人心胸狭窄，自信薄弱，且极记仇，实在犯不着招惹他们。历史上王安石推行新政，任用不少有才无德的小人。王安石认为这是权宜之计，待新政上轨后，方可撤去。司马光极不赞成，认为小人得势后，必定不甘退下，肯定会玩弄权术以求不去，君子则不然。王安石一意孤行，最后果然被这些小人陷害，失意江湖。

11. 与小人和谐相处之道

君子成人之美，不成人之恶；小人反是。我以前的公司有两个同事，小李和小刘，他们俩都是刚进入公司的新人，而且还在同一个部门，业务方面免不了有些竞争。一次，小李出远门办事，说巧不巧，他前面已经几乎谈妥的一个重要项目的客户恰好经过公司，便顺路过来把剩下的合同落实好。于是，小李就叫小刘替他招待一下，小刘和对方谈得很尽兴，聊得很愉快。后来小李的这个客户决定在小李原有三个月合同的基础上再度续约，并且增加投资。可让小李万万没想到的是，小刘在向部门领导汇报工作的时候说这个合约都是他谈下来的，还宣称，这个客户是第一次在公司签单，所以理所当然未来所有订单全都归他。小李怒火中烧，但是考虑到自己也是刚刚到公司，小刘业务能力确实厉害就算了。还没到半年，小李和小刘所在部门的销售副主管跳槽走了，空出了一个位子，部门主管得知他俩在业务和人际关系方面都表现得很出色，打算组织一次专门考察来提拔他们中的一个。没想过到，仅仅两个星期过去，公司突然宣布，小刘升职副主管，小李的工资没啥变化，职位也没有任何变动。后来领导还有意无意忽视小李的存在，对他的态度也大不如从前。

直到某一次部门聚餐领导酒后语重心长地说："听说你特别有上进心，学外语，经常熬夜加班，腿也勤快，还拉来了不少的外商订单，我真的很看好你，出国之前要在公司好好干哈。"小李听完一脸懵逼，才知道被小刘这个人算计了。

曾经看到过一段两个和尚之间的对话，觉得挺有道理的，其中一个和尚说："世间有人谤我，欺我，辱我，笑我，轻我，贱我，骗我，如何处置？"另一个和尚说："你只要忍他，让他，避他，由他，耐他，敬他，不要理他。再过几年你且看他！"跟小人面对面地斗，其实挺划不来的，因为小人有的是时间，有的是精力，有的是小伎俩，你跟他斗，消耗了自己的精力，经常把自己搞得疲惫不堪，本职工作也做不好。古人说：忍一时风平浪静，退一步海阔天空。"小人"只能影响一时，不能影响一世。如果我们自己不断在进步，不断在向前走，若干年后回头一看，他们还在原地踏步，还在痴迷于小圈子里的争斗，那又何必在意他们的看法？你且把与小人相处当作人生的修行功课，修炼自己的忍耐度。

要尊重忍让小人，不要和小人硬碰硬，否则吃亏的是自己，毕竟你没有小人使坏的能力，而且你也不知道小人有多少整人的招数。一旦被小人缠上，等于给自己埋了颗地雷，随时都有可能爆炸。因此，不要和小人争，争胜了也不会有什么好果子吃的。与小人相处的时候，不妨让一些利益给他，就当喂狗了，省得自己麻烦。当然，从源头上就不应该和小人有利益纠葛。不要和小人产生任何联系，如果你接受小人的恩情，到时候他需要你的回报，你该如何是好？小人是贪得无厌的，对于小人，不搭理、不结交、不得罪，就是最好的相处方式。

正如余秋雨先生说的那样，小人是很难定义的。“他们是一团驱之不散又不见痕迹的腐蚀之气，他们是一堆飘忽不定的声音和眉眼。”君子讲道义，小人讲势利。君子言行一致，小人阳奉阴违。君子追求和谐，小人存心捣乱。人行于世，无论你多么小心谨慎，难免还是会碰到小人。对待小人最好先退、忍、让，尽量回避小人。不与小人计较，其实也是保护自己。

12. 如何应对性格好斗的小人

装屃，正所谓大智若愚，应付性格好斗的小人决不能死磕，“忍一时之气，免百日之忧，一切情绪烦恼，皆从不忍生。莫之大祸，起于斯须之不忍”。小人喜欢搬弄是非、挑拨离间，而且他们极具侵略性。小人为了达到不可告人的目的，都倾向于挑拨上下级的关系、同事之间的关系、朋友之间的关系，小人最大的心愿就是唯恐天下不乱，混乱才是他们上升的阶梯，在混乱的局面当中，他们才有机可乘。一旦团队里的人开始互相指责、互相倾轧，小人才有可能选边站队、揭发告密，越是混乱，他们越是开心，从中左右逢源，浑水摸鱼。尤其是好斗、好战的小人，往往表现得风淡云轻，但是明里暗里都是在挑拨离间、搬弄是非、造谣生事。当你得知他们在诽谤你、污蔑你、抹黑你，不要气急败坏地对骂三百回合，这样毫无意义，反而让领导质疑你的涵养。因为正常人是想不出下三烂的语言去回击小人的，而什么难听的话、什么尖酸刻薄的话、什么恶毒的话都能从小人的嘴里脱口而出。如果你真的被激怒，加入到骂战中来，那么正中小人下怀，他们只会更来劲。所以，我们真正要做的是退避三舍，闲看云卷云舒，“他强任他强，清风拂山岗；他横任他横，明月照大江”。我们让周围人瞧一瞧，评一评，将小人丑恶的嘴脸公之于众，让大家看明白、看透彻、看清楚谁才是恶人先告状。再之就是，小人喜欢出卖、背叛他人，这是他们司空见惯的性格。当你和小人促膝长谈之时，你的肺腑之言，在小人眼里就是把柄，而你的隐私就是小人出卖你的资本。因此，在小人面前，尽量低调，无须做任何表态，最好能三缄其口，否则就准备好被流言蜚语袭击，隐私被传得沸沸扬扬，成为街头巷尾的谈资。

职场就是一个小型社会，碰到好战、挑拨离间的小人是再正常不过的。当我们辛辛苦苦干完活儿，老板却看不到，而抢功的小人却横插一杠，功劳都是他的，“累死累活不如做 PPT 的”。小人得势就在朝夕之间，成为领导身边的“红人”，而埋头干活儿的你憋着一肚子气活在他的阴影之下。此时直接向上司抱怨，非但不能改变现有的困境，反过来还会让老板觉得你嫉妒心太强，喜欢搬弄是非；而且老板很可能睁一只眼闭一只眼，因为以牙还牙、以眼还眼的报复会极大破坏团结协作的氛围。当我们愤愤不平、手足无措之际，倒不妨先忍耐一番，等这事翻篇之后，我们再在适当时机予以提及；又或是将此事藏诸心中，此后定要以此为戒，多加提防和小心。

13. 如何应付口是心非的小人

我们都知道，小人常常口是心非，但是我们看破不说破，不当面拆穿对方的谎言，给对方以台阶下。很多人不懂得“看破不说破”，只在乎自己看穿的那点皮毛，却伤了对方面子之下的里子，伤害之余，他们还觉得，说破并没错，心直口快是真诚。你如果把小人的谎言当面点破了，小人会记恨一辈子的，你的后半生恐怕不得安宁了。揣着明白装糊涂才是正道，唯有懂得装糊涂的人才能免除小人的无谓纠缠。当我们摆出一副什么都不知道、什么都不清楚的样子，躲躲闪闪装糊涂，更容易迷惑别人。对小人的问题不置可否，不予置评，这样才不会得罪小人。在这个世上只要懂得生存之道的人，都知道什么叫作糊涂，什么叫作明白。

有一次，我和同事聊起今年来的几个新人，她说其中有个小女孩太耿直了，不禁为她的人际关系担心。部门群里有人起哄让新入职的小伙伴们爆照，所有人都在赞赏鼓掌，只有她一个人在群里说了一句“这P得也太白了吧”。那条留言很快就被后来的信息淹没，但那个被吐槽的女孩很长时间都闷闷不乐。我的同事说，自己并不是反感她说话太过直率，不照顾别人的感受，而是非常不认同这种明明口不择言，还自我感觉很好的态度。你好心劝她这种伤人的话不要在群里说，她却洋洋得意地告诉你，她就这样，做人不喜欢装，有什么说什么。有些人就是这样，把鲁莽当信仰，把咄咄逼人、说话不经思考当率直和单纯，最后怎么败在小人的手里都毫无觉悟，还沾沾自喜。

口是心非的小人非常善于在唠嗑中给人下套，提出暗藏杀机的问题，分分钟能把你带到坑里去。在很多时候不能太较真，不妨睁一只眼闭一只眼，揣着明白装糊涂，不要挑破对方的真实想法，美国前国务卿希拉里曾打算出一本自己的自传，然而一位知名主持人毫不留情面地说："我打赌，她的书如果卖得好，超过一百万本，我就把鞋子吃下去。"很令人意外的是，几天过后，希拉里的自传在市场大受欢迎，取得了超过一百万本发行量的成绩。最后，那个押错宝的主持人收到了一双鞋子。可是，这双鞋子的味道十分特别，又甜又软，质地不同寻常。因为，希拉里没送上自己穿的鞋，而是为他特意定做了鞋子形状的蛋糕。这个举动，既让对方兑现诺言，给了对方台阶下，也让无数人感慨希拉里高出天际线的情商。聪明的人，总是点到为止，不会让对方难堪，给自己树敌。看破不说破，不戳穿和不干涉，给人以自由和舒适感。有些事，可言可不言，就不要多言，避免让自己后悔。有些话，可说可不说，就憋住别说，减少祸事的发生。

第四章

为什么领导的心思，你必须懂

1. 求职时成为炙手可热的人物

每年的毕业季都被称为史上最难就业季，大量的毕业生离开校园，踏上社会的第一件事就是找工作。从找工作、投简历、面试到正式入职，求职者经历着层层的选拔，有很多人抱着雄心壮志而来，却悻悻而归。我遇到的很多应届毕业生都怀有一腔热血和远大的抱负，都希望过五关斩六将，成为职场上最炙手可热的人物，最闪耀的一颗星。可惜的是，他们并没有做好从一粒尘埃蜕变成一颗灿星的准备。

在求职面试前，做足功课是最基本的工作，也是对自己的负责。我看见过很多新人对自己应聘的公司缺少最基本的了解，眼睛一直盯在薪资待遇和休假上，这不仅是对该家公司的不尊重，更是浪费双方宝贵的时间。如果对你要从事的行业和公司没有一定的认知，还保留着巨婴的思维，HR 如何相信你能在今后的工作中保持热情并制订长期规划呢？无论何时，不是千里马等不到伯乐，而是千里马不懂伯乐，能够经常站在公司的立场上去想，展示自己和岗位相匹配的能力，“我能为公司带来什么”，才能让你在激烈的求职竞争中脱颖而出。

不是“要我做”，而是“我要做”。如果你接手了某份工作，请一定认真负责地对待手头的事情，认真负责的人永远不会太倒霉，你给他人建立起来的是一种忠诚的形象。当我们把每一件事都作为“我要做”的事情时，我们每个人就会充分去发挥自己的才能，竭尽所能去完成任务。要知道，积极主动地去做每一件事情，不论你走到哪儿，都会有人愿意把重要的事情托付给你，因为你的忠诚态度，人家才会对你有更大的信任，只有这样，你才更有可能在职场上崭露头角。虽然说，做人要低调，但是做事必须高调起来，这是你的主场。我的地盘我做主，以主人翁的心态高调做事，极大地激发自己的荣誉感和责任感，全身心地投入其中，抓住一切机会，充分展示自己的能力。

有句话说“酒香不怕巷子深”，此言差矣，要有多么浓郁的芳香才能从深巷里传入人们的鼻端呢，又有多少人能够静下心来寻找这芳香的源头呢？想成为职场上炙手可热的人物，就千万不能隐于人群后，躲在角落里。职场有很多机会不是等来的，而是自告奋勇、毛遂自荐得来的。如果你能主动请缨去争取普通人无法胜任的工作，醒目地亮出自己的真才实学，吸引领导的目光，这样你脱颖而出、成为领导左膀右臂的机会将会大大增加。为了完成领导的期待，我们必然以此为动力，努力学习、勤奋工作，不断充实自己，反复实践，进一步巩固自己在职场的能力和地位。

2. 如何摸透领导的个性

在职场中，我们必须学会和各色人物相处，尤其是你无法回避的领导。如果你有一颗上进的心，想在职场混得风生水起，就不能光想着干活儿，光去干活儿了。过来人的经验表明，仅凭实力吃饭的人有时候也不一定讨喜。但是谁又不想成为那个既有实力又能得到领导认可、赞许的人呢？那该如何才能成为这样的人呢？当然是先要了解你自己的领导！毕竟即使你能决定自己选哪家公司、做什么样的工作，你也决定不了谁会是你的领导。

学会从办公桌的摆设了解领导。如果我们仔细观察的话，就会发现一张桌子隐藏了很多关键的信息。不管是办公桌的台面上，还是抽屉里，各种物品的摆放都是分门别类、整齐有序的，给人一种非常干净整洁的观感，说明这个人很有条理，办事有规律，什么地方该放什么，什么地方不该放什么，心里很清楚，而且不会随意更改。这类人做起事很有章法，一般会提前拟订规划，以高效率、高标准、严要求来处理问题，不会想一出是一出，具有大局意识，全面考量，以完美地达到心中的目标。而且他们还很节约时间，按照既定规划去办事，不拖延迟滞，对行程档期精心筹划，不同的时间段做不同的事情，不会把时间浪费在无意义的地方上。他们很执着，也很固执，不太善于变通。相反的是，桌面和抽屉胡乱摆置的人都不太注重形式感，做事更在乎自己的感受和爱好，待人亲切随和，相当热情。但是各种文件资料东放一点，西放一点，说明这类人自控能力差，做事随意，无法集中注意力，也没有足够的耐心和执行力，自然在工作上所取得的成绩也很平庸。桌上整洁抽屉乱，说明喜欢做表面文章，不够脚踏实地，经常是马马虎虎、得过且过的那种状态。

学会察言观色，从神情举止上观察领导的心思。察言观色，是一切待人接物游刃有余的基本操作。不会察言观色，就好像不知风向、不知方向的航行，小小风浪都能能让你触礁沉底。如果我们能在人际往来的时候察言观色，随机应变，得体大方地握住各种伸向你的“手”，那么你距离领导的心腹又跨近了一大步。比如，在进领导办公室时，经常能撞上意料之外的情形，所以和领导交谈的时候要全神贯注，目光应保持对视，与此同时，我们还要腾出余光来应对突发的情况，快速地感知并采取恰当的措施。如果领导跟你说话的同时，眼睛不住看表，还有人在旁边打手势，说明领导还有另外的行程要去完成，识趣的你最好打住谈话，找出一个合适的借口：“您一定很忙。我就不打扰了，过一两天我再来详细汇报吧！”礼貌而妥帖地告辞，领导心里肯定对你及时的回避抱有好感。

3. 看透上司内心的期望

职场上，大家都非常关注绩效指标，但上司想要什么或期望什么，大家不一定很清楚。上司与下属都有责任，确保双方清楚并了解彼此的期望。但是，这种有效的意见交换，无论是进行的频率或质量，都并不如我们的预期。事物的多样性和复杂性决定了对同一个问题可从不同角度去理解。我们对上司的决策、指示和要求不能浅尝辄止，一定要把其中深意理解透彻，看透上司内心的期望。据说，当年，“东北王”张作霖在一次宴上会给日本人书写条幅，有意落款为“张作霖手黑”，秘书不知其中的讲究，好意提醒应作“手墨”。张作霖听罢大加训斥：“我难道不知道‘墨’字下面有个‘土’？”事后他解释说，正因为日本人索字，才不能带土，这叫“时土不让”！原来张作霖是选择一种暗示性方法来表达真实意图，秘书不懂其中的奥妙，自然理解不了深刻涵义。

某服装厂的老板已经五十多岁了，年岁渐长，记忆力也大不如从前了，但是厂子里大大小小的事情他都要亲自过问，服装厂生意兴隆，事务繁杂，每天都很忙碌。从早到晚，老板不仅在厂子里来回巡检，还要接受下属不间断的请示汇报，有限的精力导致他偶尔出现顾此失彼的情况。连轴转的状态，连停下来思考的时间都被挤占了，即使是一瞬间的思想火花都可能瞬间消失不见。作为公司的一把手，老板带着服装厂走过曲折的发展路，渡过波诡云谲的商业危机，人生经验丰富，从意识上就非常重视各种稍纵即逝的商机，大脑在高速的运转中总会蹦出奇妙的创意和独到的见解。这种电光火石般的灵感涵盖巨大的信息量，也许会在唠嗑闲聊或者无心之举中喷薄而出，来也匆匆，去也匆匆。像这样无比宝贵的灵光一闪，如果不能即时记录下来，就好像错过了“一个亿”。

如果你是老板的下属，没能够懂领导，没有看透老板的内心期望，没有接到信息，相当于错过了“事业上的知音”。该服装厂的车间主任小许聪明颖悟，他既能看明白老板的心思，还贴心地把领导的闪光点子系统总结出来，结合自己的思考进行补充完善，变得高屋建瓴。小许的突出表现表明，他能够读懂领导，而且双方可以交流互动，处在“频道”同一个级别上，随时可以产生共鸣共振。这种精神上、认识上的东西很难拿钱去衡量。更深入来看，如果下属能读懂并能给出方案，与领导在一些事情上产生共鸣，成为领导的知心人、贴心人，那么，双方的交往和联系会变得更加密切。

学会看透领导的真实期望是复杂的工作，绝不可能一蹴而就。不深入研究，不经常在共事，耳濡目染的话，不会得到想要的结果。作为下属，我们切忌自作主张，自作聪明，否则领导会打心眼里反感你。前事不忘后事之师，杨修就是最好的例证，和领导保持一定的距离，看透不说破。无论何时何地，无所不知、无所不通的下属都是威胁，敷衍了事、得过且过的下属则是累赘，领导更希望下属处于两者之间。能当军师的是孔明，冲锋在前的是子龙，坐镇指挥的是玄德。干一番事业不是找对手，找赔钱货，而是要配上得力的助手、合作伙伴。领导很期望有这样的人替自己分担忧愁，攻坚克难。如果我们能助领导更上一层楼，领导会如何待我们呢？

4. 与上司一起分担忧愁

不会为上级分忧解难的员工，不是好员工。一个真正负责的员工是不会畏惧困难的，相反，他还会以此为契机，知难而进，迎难而上，千方百计地维护公司的利益，帮助上级渡过难关，成就上级从而成就自己。职场上快速发展的人无疑都是善于和上级合作的，他们在做好分内事的同时，会积极帮助上级分担工作排忧解难。

人最依赖信任的，是对自己全心付出的人。上级喜欢主动为他分忧解难的员工，而且顺便借此时机锻炼他们的才干，把自己的管理经验传授给他们。在这个过程中，挑起大梁的员工会学习吸收上级的工作心得，而这些显然必将加速员工的成长，使其成为独当一面的得力干将。而当上级开始选拔任用员工时，首先考虑的肯定是与他共渡难关的好伙计，会把升迁加薪的机会留给他们。可以说，在公司，这些快速成长的中坚骨干拥有比较高的威望，推进工作会更加顺利，能得到周围同事和高层领导的重视和肯定。毋庸置疑，成就上级就是成就自己，老板需要的员工是能够帮助他分担责任与工作的人，而不是唯唯诺诺，遇事推脱的员工。机会真的不会从天而降的，更多时候要靠自己去争取。一般说来，上级的工作并不轻松，每天有很多的决策等待他的拍板，还有一些不方便亲自处理的工作，通常要下级去代劳替自己解决棘手的问题。脑子灵光的下属不光要自觉行动起来，为上级遮风挡雨，还应表现出不求回报的感恩心态。这样的人，试问哪个上级不喜欢、不信赖呢？

在工作中，要多多表现出“功劳仰仗上级的英明领导，过错都是下属办事不力”的姿态。我初入职场的时候，就遇到了这种事情，按上司的吩咐做事，结果事情对公司产生了不好的影响，老板抓住我就是一顿责难。我当时就想，如果不忍下这个委屈，供出上司，以后上司看我肯定咋看咋像眼中钉，给我穿个小鞋、阻碍我升迁都是可以想象的。一番内心挣扎后，我选择了替上司背下这个锅。老实诚恳认了错以后，老板只是对我咆哮了一顿，并没有开除的意思。后来，我能明显感觉到自己和上司的交流更频繁、更紧密了，很多重要的工作她都放心让我去独立完成。正所谓，在家要替父母分忧，在单位要替领导分忧！上级有过失的时候也是一样。一般来说，上级有愿意做大事，不愿意做小事的心理。上级的主要职责是“管”而不是“干”，是过问“大”事而不拘泥于小事。因此，在实际工作中，大多数小事都由下级分担来做。

5. 让上司觉得离不开你

一入职场深似海，进入职场这个大门，升职加薪是所有职场人士永恒不变的梦想。任何对生活怀有美好希望的人、对事业充满激情热望的人、对人生持有进取之心的人都梦想着，步步高升，升职加薪，飞黄腾达，走向巅峰。不过，想在职场混得如鱼得水并非轻而易举的事，有些人整日奔忙，忘我工作，穷其半生也没能跳过那道龙门。失败的原因有很多种，或方向不对、或方法不对、或努力不足等等，这些都通通指向一个结果，领导不重视你。职场有职场的游戏规则，一个人即便再怎么能干，也必须得到同事和领导的认可和赏识，才能扶摇而上。想在职场的道路上走得更顺畅，最重要的，就是你要让领导觉得你很重要，甚至离不开你。这样，你不用你自己要求升职加薪，领导也会主动提拔奖励你。那么如何才能成为领导最喜欢的下属，甚至让领导离不开你呢？只需做到下面三点即可。

首先，要遵循上司的指令，百分百地执行下去，并且积极主动地为上司出谋划策。学会换位思考，从老板的角度以公司的利益为主要出发点去做事情，从聆听、理解到执行，毫不含糊地推进工作。这绝不是表面的敷衍迎合、盲目服从，而是顺从上司利益方面的需求，让上司顺心、省心、开心。

如果我们能完美地实现上司对利益的期待，甚至带来更多更雄厚的资源，从而创造更大的价值，哪个上司不喜欢呢？

其次，我们要脚踏实地，做个稳定可期的办事员。过去我一直以为，一个人只有拥有出色的专业能力，才有机会被提拔，但是能力固然重要，比能力更重要的，是一个人对工作的态度。这个“稳”指的就是该人员在办事或者交流时给人的那种踏实可靠的感觉。很好理解，比如公司里的一位员工，面对销售总监分配的销售指标，他基本回回都谈妥几家大客户的订单，为公司带来几百万的销售额，那么下次有大客户需要拜访时，总监更愿意带着他一起去，而不是那种一次也没打下大单的同事。

最后，一定要做到诚实守信、守口如瓶。在职场，客户、同事、上司都很反感言而无信、调门高落实少的人，而有信用的人可能不是那么闪亮突出，但是口风紧，让人感觉很放心、值得托付。职场上，八卦一向是办公室同事间联络感情的最佳话题，尤其在茶水间、洗手间这两间“谈话室”里，往往是众家流言的最大集散地，也是大家说老板坏话的“秘密花园”。可是世界上没有不透风的墙，终有一天这些话会“变味”地传到当事人耳中，进而造成两个人之间的矛盾，甚至影响到工作。学会只听不说，守住别人的隐私。

6. 对上司要表现出足够的宽容

身处职场之中，无法避免办公室政治，很多人甚至以此为乐，有些人一旦抓到别人犯错，便毫不留情地攻击别人，这是极不可取的一种行为。即便是在职场之中也不要忘记与人为善，对上司的责骂或训斥要表现出足够的宽容，收起自己的血气方刚，切记不要在公开场合顶撞上司。

小智是上海一家大型上市公司的员工。在一次销售总监主持的部门会议上，小智的手机震动起来，一位大客户打来的紧急电话，小智毫不犹豫地接听了电话，情况紧急，他在会议桌旁小声地回应着客户的问询。就在小智刚挂断电话的时候，销售总监在一众同事的面前，极其严厉地批评了小智，责怪小智不应该在开会时接听电话，而且总监的话很难听，让小智有点下不来台。不过，小智还很冷静，并未将心中不快直接表达出来，他觉得，与其用激烈的方式向总监抗辩，还不如诚恳地道歉，息事宁人。小智顿了顿，然后得体地回应道："对不起，耽误大家宝贵的时间了！"第二天，小智特地找了个时机单独对总监说："总监，昨天我不是故意在会上接听电话的，那是个大客户打来的紧急电话，我不敢怠慢。而且在开会时不能接听私人电话，但是客户的重要电话是可以接听的。"话说完，总监沉思了片刻，感觉自己昨天言语冲动，向小智表示歉意。由此我们得出，面对上司错误的责骂，最合适的办法不是正面顶撞，将不满的情绪一股脑儿地发泄出来，而是平息上司的怒火，耐心跟上司解释，包容上司的不当批评。毕竟人与人之间，一旦撕破脸皮，就无法画皮修补。

在工作中，分歧的发生是不可避免的，人们看待事物的思维方式、立场，还有其中的利害冲突不同，难免会发生意见分歧或矛盾。与上司发生意见分歧的时候，我们必须正确对待这种情况。如果处理不够妥当的话，就非常容易引发利益相关方的不满乃至冲突，严重的话还会埋下不良的恶果。这不光是下属的灾难，也会让上司心生疑窦：你是否能胜任这个位置？如果我们能通过融洽的沟通顺利地化解矛盾，弥合分歧，将极大融洽上下级关系，甚至激起冲天的干事热情，帮助我们顺利地完成任务，取得成功。我们在沟通的时候，要尽量避免消极破坏性的态度，比如“没法沟通，和他就是处不来”“我不想管这茬子事了”或者“这明摆着就是推卸责任，我的地盘我做主，他的家我当不了”。这样的语气态度，不利于难题的圆满解决。还有人觉得上司处事不公，可能会和他大吵起来，而这样却更加恶化事态。我们要始终坚持“对事不对人”的原则，换位思考，包容对方的不合理之处，冷静分析，客观对待。

7. 对上司持有审慎的批评态度

俗话说，祸从口出，一定要管好自己的嘴，忠言不一定非要逆耳，审慎指出上司的失误之处。上司为某些重大项目做出决策、制订计划的时候，不一定能全面掌握各方面信息，囿于各种因素的存在，免不了会出现失误之处。当我们发现上司在某项决定上做出了不符合事实的要求时，不能对上司的失误之处视而不见，甚至因为讨好迎合上司的急切心情，而对事情三缄其口，听之任之。这样，错误的决策随着时间的推移，最终会把火越烧越旺，乃至有一天城门失火殃及池鱼，不但危及组织的整体利益，还会把我们自己的前途搭进去。所以，我们应当及时指出失误不妥之处，纠正偏颇，减少不必要的损失。可是，敢于指出上司的错误并非要用逆耳之言，如果能用上司最不反感的方式沟通指正，效果反而会更好。有些人认为“忠言逆耳利于行，良药苦口利于病”，可是我们反过来想想，如果能达到治病的目的，忠言不逆耳、良药不苦口岂不是更好？

任何人都不喜欢被别人指出自己的缺点。更何况职位越高，自尊心越强。既要指出领导的失误，也要善于表达领导的不妥之处。有的上司会说“我有什么不好的地方，请直接告诉我”，这句话最好不要信以为真。他只是为了显示自己胸襟宽广，如果你真的指出来，可能他表面上装作不在意，内心还是会生气。这种批评意见越尖锐，越容易立刻形成对立关系。很多时候，我们害怕面对上司，不敢指出他的错误。但是领导有错误，下属睁一眼闭一只眼是对上司的不负责。上司的错，从来不是老板一个人的事，不要坐等老板出错，看老板的笑话。只要你跟他在同一条船上，你们就是绑在一起的蚂蚱，你就有责任给他指错，有责任管理他。只有把他管理好了，你在这条船上才能待得长久、安全。

李琦每次为上司草拟文件时，都会对一些不合理、不完善的地方做出自己的独立思考。但她得体的处理方式从未引起过上司的反感。她是这么做的：每次遇到有问题，或是不符合实际的地方，李琦都会针对性地提出若干建议。李琦不会在正文中直接指出，而是把同行企业遇到同类问题时，给出的处理办法附在文件后面，而没有夹带私货，加进自己的任何观点。当上司审阅文件草稿时，往往会根据其他企业的做法，完善自己的方针和策略。随着时间的推移，上司对李琦充满了信任，凡是遇到重大的决策问题，都会优先安排她收集相关资料。

8. 积极避免与领导产生矛盾

职场中，领导的安排与个人的想法发生矛盾，上司和下属之间发生一些不愉快的事情，就会产生一些摩擦和碰撞，引起冲突。这时候，作为下属如果处置不当，就会陷入困境，甚至导致双方的关系彻底破裂。所以我们要学会积极避免与领导产生矛盾，妥善处理和领导产生的分歧。

凡事多沟通，学会换位思考，理解领导，减少可能的误解。人们常说“理解万岁”，如果上下级之间能够相互理解，矛盾就会极大地减少，而且即使有矛盾，也会及时地化解掉。职场上，下属也要学会理解领导，学会不去用理论来苛求他，而是从环境的和人性的角度来接受他、分析他、理解他，体谅领导的苦衷，不要遇到什么事就首先去抱怨领导的不对。作为上级，他的权力比下属大，地位比下属高，但他的责任也比下属重，身处繁杂的工作环境中，往往承受着比下属更大的工作压力，因此，他很可能会忽视跟下属的交流与沟通，从而与下属之间产生误解和心理隔阂。如果下属理解了领导的难处，就会对领导多一些包容和宽容。

尊重领导，学会退让三分。宰相肚里能撑船，不要心胸狭隘，斤斤计较，有时候可以暂时先委屈一下自己，适度地采取忍让的态度，既可避免正面冲突，同时也保全了双方各自的面子和做人的尊严。忍一时风平浪静，退一步海阔天空。相比咄咄逼人，适时地让一步，对方会感到你的大度和体谅，容易达成共识。这是套路问题，东风吹战鼓擂，江湖儿女谁怕谁，后退，是为了助跑。无论对方是领导还是同事，解决争执，不外如是。

9. 成为老板青睐的员工

摸透老板的心思。每个人都有自己的脾气秉性，每个老板也都有自己的一套管理模式、一种处事风格、一些性情爱好。如果我们能正确认识老板，摸透老板的心思，我们在工作中的表现必将游刃有余。正确领会老板的意图，才能真正把工作做到位，让老板满意、让领导开心。俗话说的好，知己知彼，百战不殆。一般来讲，老板都喜欢会做事、能做事、做好事的人，老板首先需要员工创造价值，提高业绩，不欢迎光拿钱活儿干不好的人，这也是所有老板的责任使然。

比老板更加积极主动。在公司里，能够积极主动去工作的人，一定是尽心尽责的人，心甘情愿自发为公司多做事，这样的人终将成就自己的一番事业。久而久之，积极主动的你把自发做事当成一种习惯，将公司的发展当作自己的事业来努力，老板和同事便都会为你的敬业精神所感染，都会视你为公司的支柱。只要你坚持努力，用自己的知识、热情和勤奋为公司创造更多的价值，老板就会越发倚重你、器重你。

站在老板的角度思考问题。作为一名员工，要想在企业中有所成长，有所收获，成为老板青睐的人，就必须首先树立起“企业是我家，我为企业代言”的观念。无论工作内外，员工都必须以企业的利益为核心，习惯于站在公司的立场上看待问题，为企业的生存发展出谋划策、殚精竭虑。当企业的利益受到危害时，应该像维护自己的利益一样挺身而出，为企业分担，为老板分忧。此外，我们应该换位思考：如果我是老板，我该怎么办？这不仅能让我们获得一个新的思考角度，平衡部门、个人的利益，照顾公司的利益，更好地处理问题，还能让我们理解老板的难处，成为老板的知心人。

让自己变得不可或缺。要让自己在公司里不可或缺，就必须具备金子般难以被替代的功能，这就是一个人的核心竞争力。只有打造自己的核心竞争力，才能筑起坚固的职业护城河，让别人无法取代你，让自己成为行业某个领域数一数二的专家。所以我们必须要考虑不断提升工作难度，迎接新的工作挑战，向更高层次的平台迈进，走出舒适区，直面危机和挑战。此外，我们还要不断学习充电，通过日以继夜的不断练习，完成从平凡到超凡的转变。

适当让老板占点便宜。只要你诚心实意为老板做事，老板不会忘记为自己呕心沥血、鞍前马后的人。有时熬夜加班或者临时被借调去分担工作，看上去是你被老板占了便宜，实则不然，这意味着老板还记得你想着你，你的付出都被他看在眼里，今后获得发展的机会也会更多。郑板桥曾说，人生难得糊涂，吃亏是福。从社会交换理论来看，职场新人唯一可供交换的资源，就是自己热情周到、不计回报的服务。

10. 学会与难缠的上司相处

三个月前，我的朋友小方被北京一家互联网巨头录取，对这家公司慕名许久的他得知这个结果特别激动，他甚至想为这家公司奋斗一辈子。可是，现实却给他的美好憧憬浇了盆冷水，原因是小方所在部门的领导，也就是他的直系上司很难缠，特别不好相处，上司对他做的很多事情都要指摘一二，吹毛求疵。一开始，小方很惶恐，拼命反省自己是哪儿做得不够好，每天加倍努力，所有的文件都要再三核对，不让自己出错。过了一段时间，小方发现，尽管他分毫不差地按照上司的要求做好了工作，上司仍然会毫不客气地对他大加挞伐，对一些边边角角的小细节挑剔来挑剔去，令小方感到无比的绝望。后来，从同事口中，他才了解到自己并非是第一个经受折磨的人，此前有五个人已经不堪其扰愤而辞职了。可是刚来没多久的小方还不想辞职，却不得不面对上司的无端指责，承受巨大的压力，以至于寝食难安，白天上班的时候也是胆战心惊的。

心理学研究表明，具有控制型完美主义性格的人不可能对任何事情满意，所以，千万不要天真地以为，只要自己足够努力，就能得到这类上司的认可和赞许。所以小方难缠的上司是不可能被他的勤奋和努力所感动的，也不会有任何改变的迹象。但是，掌握一定的策略，和难缠的上司相处时，也能减少痛苦和折磨。首先，我们不能把上司惯有的吹毛求疵当成威胁，而要冷静客观视之。确实，面对这样棘手的领导，任谁也不可能云淡风轻，但是我们要清楚之前有很多人因此而主动离职了，说明问题并非出在自己身上。如果我们能和上司拉开一定的情感距离，我们的心理压力会得到很大程度的纾解，千万不能被上司的责骂带入情绪低谷，而是要远远躲开。

事实上，许多控制型完美主义者以激怒他人为乐趣，所以不管是无脑还击，还是自我防卫，都将促使事态进一步恶化。不论你通过了多少考验，证明了自己的能力，对你的上司来说，永远都是不够的。如果想靠自己单枪匹马来解决这个问题，最终只会让你的自信消耗殆尽。为此，我们可以试着寻求其他方面的支持，比如从公司内部或外部寻找一两位前辈或朋友，让他们给你提供从上司那里无法获得的鼓励和建设性的批评意见。

11. 同事不合作时如何处理

独木难成林，一个人是无法完全独立地在社会中生活的，合作是人类社会生存与发展永恒的主旋律，也是个人能实现自我价值和奋斗目标的根本前提。尤其是在当代社会的职场中，那些善于经营自己的人际关系，巧妙赢得同事支持的人总能水到渠成地顺利完成各项工作任务。相反，如果得不到同事的帮助和支持，很多工作根本无法深入开展下去，乃至举步维艰，半路夭折。凌雪在一家事业单位上班，有一次新来的同事小陈委屈巴巴地找到她，哭诉领导交办的任务难以完成，请她出个主意帮忙解决。凌雪也是非常热心肠，但是并未表现得很热情，向来谨慎处事的她一边耐心安慰着小陈，一边询问详情。小陈告诉她，领导布置了一个活动，需要和一家兄弟单位一起合作举办，准备工作要和该单位的人员对接。不知何故，小陈去联系该单位负责此事的主管小赵，这人却总是以各种借口敷衍小陈，打电话说自己在忙等有空再一起商量；小陈又找到该单位去，发现小赵出差办事去了。小陈问他什么时候有空能坐下来谈谈，小赵就是没有正面回复，继而，此事因此多次搁浅。转眼间，一周过去了，小陈心里甚是着急，转而向前辈凌雪求助。

凌雪眼看小陈很苦恼，心里很同情她的遭遇，考虑到职场的一些基本规矩，她便以周围人的相似经历开导小陈，给出一些前人探索过的处事经验。首先，可以搬出自己家和他家的领导来旁敲侧击，稍稍敲打一下他："我很理解你这种无法分身的状态，但是再怎么忙，也要考虑个轻重缓急。我们领导和你们领导共同制订的活动方案，是目前需要尽快执行的大事，凭您的能力和效率，相信用不了多久就能完成，希望我们尽快落实，你看要不，我们就现在弄一下？"其次，要把当前的情况和想法向上级汇报，通情达理的领导通常不会拒绝下属的善意提醒，很可能会直接给出建议或者领着小陈去协商。小陈决定买点小礼物，先去投石问路，探探对方的真实想法，然后试试第一个建议。如果再次登门拜访沟通还是得不到准确的回复，那就采取第二个方法，跟领导沟通，让领导出点主意。当然第二个建议是不得已的建议，因为工作环境不一样，一般情况下，还是自己解决问题才能更突显出个人能力。

从上面的故事中，我们可以得出：第一，如果想在公司长期发展下去，最好不要请领导出面，尽可能自己独立去解决问题，不要给领导添麻烦；第二，千方百计克服困难，请外单位主动对接配合我们的工作，如果对方各种推脱和敷衍，最好就去登门拜访、守株待兔，直到对方肯腾出时间面对面交流商量问题。再不行，来点苦肉计，说说自己的处境，新来单位，完不成工作领导会批评，自己的日子也不好过。还有，适当人情往来，自己带点小零食或者水果，吃别人的嘴软还是有点道理的。一言以蔽之，不要显得自己很卑微，最终目的是能够办成事情。对方一直不配合，回避你，不得已的话还是得请领导出面，毕竟我们要按期完成工作任务，不能一直拖下去。

12. 求同事办事的原则

托人办事，态度要诚恳，学会以诚意打动人。这里的诚意不是九十度鞠躬，而是在不打扰他人工作的前提下请托，简短扼要地讲清楚需要帮忙的内容。好比说程序出问题，要告诉对方目前的测试结果，请对方分析分析哪一段出了问题，需要哪一种语法。而不是拨了内线，呼唤了人来后指着屏幕说："它不动哎。"这种话是只有主管对属下才能说的。请同事办事，周到客气必不可少，不能因为同事看起来和善，就态度随意。别人帮你是情分，不帮你是本分。

多向同事学习，多给予对方帮助。中国人常说："拿人家手短，吃人家嘴软。"一旦接受了对方的好处，得了人家的帮助，怎么会好意思开口拒绝人家的请求？脑袋灵光的人，都知道"滴水之恩当涌泉相报"，运用这一策略办事，几乎无往而不利。人生在世，谁都想飞黄腾达，但是有时候帮助别人发达了，自己才有可能崭露头角。根据人际交往中的交互原则，喜欢与厌恶、接近与疏远是相互的。如果总要求别人帮助自己，自己却从不付出，那双方关系就会失衡。所以，最好的开始是"互助"，最好的结果是"双赢"。如果你从来没有无缘无故拒绝帮助他人，你需要帮助时，别人自然不会无缘无故地拒绝你；如果你从来不怕被别人麻烦，你麻烦他人的时候，对方也不会觉得在被你打扰；如果你无论职位高低，一直保持着谦虚的态度，并能尽自己所能帮助同事解决问题，那无论你什么时候向同事求助，都不会丢了面子，失了身份。

被拒绝时不会生气，礼貌收尾。每个人都有提出帮忙的权利，但对方也有拒绝的权利。说不定他很忙、今天有事得提早走、上次跟你的团队合作感觉不好……永远都可能有不帮忙的原因。帮忙就像交往，告白被拒绝了也不该怨恨对方。既然这种感觉不太好受，那么当下次有人提出要求时，尽量不要让对方也尝到这样的滋味。很多刚进公司的员工，因为对各项事务都不了解，担心工作出错，向旁边的同事请教，但没得到回应，于是就把问题都归结到自己身上，形成了一种“我真无知，这么简单的事情都需要别人帮助”的思维模式。但真实的情况有可能是：当时对方手头刚好有特别紧急的事情需要处理，无法脱身帮你解决问题；或者是你声音太小，对方没听见；也有可能当时刚好他也不清楚怎么处理这个问题，怕耽误你的工作……所以，被拒绝了，没必要太放在心上，这是很正常的一件事。

13. 人情债务最划算

中国自古以来就是人情社会，人情看不见摸不着，却与人们生活的所有细节息息相关，可以说社会上的任何一件事的走向都受到人情的束缚、牵制和掣肘。有人的地方就有人情，有交往就有人情在，人与人相处交往就是以人情为润滑剂、以人情为媒介、以人情解决问题。尤其是当我们走入职场，更是要重视人情往来和利益平衡。从根本上来讲，人与人的交往关系都是靠感情和利益维系的，爱情、友情、亲情都是感情和利益融合下的产物，人情债最难还，却也是最划算、最有分量的买卖。“受人滴水之恩，当涌泉相报”“好借好还再借不难”，得到帮助的一方总是会想办法给对方一个“等值”或者“超值”的回报，也就是礼尚往来，来日方长，长期发展，人情就在你来我往的过程中不断得到强化和放大，生意也会在这种螺旋式上升中得到扩张。

有一位农民在村口开了一家便利店，便利店虽小却五脏俱全，尤其是正品的烟酒很畅销。村民串门走亲戚都喜欢到他那个小店买些烟酒水果。久而久之，一些村里的干部、经常光顾便利店的村民开始收到各种打折促销、买二赠一、加量不加价的专门针对老顾客的优惠活动，有时候村民买东西钱不够，可以在柜台赊账。店主人也不催要欠款，还嘘寒问暖探询家里境况，有时候就直接以成本价卖。结果到这儿买东西的人越来越多，四邻乡亲路过这儿都会驻足停留买点东西带走，便利店的生意越发红火。钱财账背后的人情，向来是比钱财更重要的，人家之所以照顾他的生意，是因为他主动体谅别人的不容易，通过让利于人缓解别人的难处，对别人的危难给予了关爱和支持，而这份人情是最难得的。

清代红顶商人胡雪岩深知这一点，当“钱财账”与“人情账”互为消减的时候，胡雪岩绝对会把后者作为优先考虑的选项，他宁可舍去钱财，留个人情，也正因为如此，他建立起了庞大的财富帝国。王有龄是杭州的一个小芝麻官，却怀有升迁的强烈渴望，囿于无钱无势无门路。胡雪岩和他有数面之交，随着交往的次数越来越多后，两人都对对方的追求有了深层次的了解，并心照不宣地达成了一致意见。王有龄对胡雪岩说：“雪岩兄，我并非不能登堂入室，无奈家徒四壁。”胡雪岩说：“我愿竭尽所能，助有龄兄一臂之力。”王有龄发誓说：“苟富贵，乃不敢忘胡兄。”胡雪岩变卖家产帮助王有龄高升后，王利用职务之便派军需官采购胡家的物资，令胡雪岩的生意越做越大，而他与王有龄的关系也越来越密切。

第五章

洞察世事，商场逢源

1. 送礼有学问

人情交往是利益融通，无数的处世经验告诉我们，有钱能使鬼推磨，特别是求人无门、办事无路之时，送朋友一个礼品，朋友就欠了你一个人情，送礼送出人情，送礼送出门路。擅长送礼的人总是处心积虑、精挑细选之后才挑出最合适的礼物送给特定的对象，打通关节，取得预期的红利。首先，送礼的对象最想要什么值得分析，只有让对方非常满意、愉快地接受，他才会竭尽全力为你办事。送礼对象的不同，送出的礼品也各有千秋，自己的兴趣喜好并不一定符合对方的胃口，甚至是别人眼中的无用之物。如果对方的生活中根本不缺此类物品，送再多也不过是徒占空间，会引起对方的反感。其次，送礼对象的身份、地位、工作环境、审美品位等都在考虑之列，这样才能送出与对方各方面相称的礼物。

典籍《礼记》有载："礼尚往来。往而不来，非礼也；来而不往，亦非礼也。"在作为礼仪之邦的中国，礼尚往来是中国人深植于心的传统，是人与人交往、传情达意的沟通方式。礼物不仅包含了物质利益，还代表了一定的情感，不能总从经济的角度解释礼物的价值。有时候，送出的礼物和金钱并不沾边，更重要的是这份礼物表达了什么心意。千里送鹅毛礼轻情意重，大臣急中生智借用礼品的寓意成功地转危为安，也遂了皇帝的心意，成就了一段佳话。所以，我们选择礼物的时候不能只在意它的货币价值，也要考虑礼物的情意性，从长远来看，功利性的送礼有所求而送，有所求而礼，抱着钻营阿谀的心态往往达不到理想的效果。而如树叶、石头、钢笔、弹壳等一些寻常之物，对于某些人却有着不同寻常的意义，甚至扮演着最高级礼品的角色，寄托着家人、恋人、友人之间的浓情蜜意。逢年过节，或者请假回家、出差这样的情况，能够在回到办公室的第一时间给同事们一点小礼物，那就说明送礼者心中时时装着同事，既能建立良好的同事关系，也会让自己的职场路走得更加顺利、更加畅通一些。

2. 看人交往有禁忌

对于一位成功的、业绩突出的职场精英来说，人际关系才是他们一生的奋斗历程中所积累下的最宝贵的财富，毋庸置疑，这种无可替代的客户资源是所有“有形资产”都无法比拟的。同样地，出入职场的我们想要有朝一日飞黄腾达、一鸣惊人，也须在商业活动中扩大人际交往范围，建立广阔而牢固的人脉网络，精心呵护、精心管理、耐心期待。同样地，为什么很多人的人缘和口碑都还不错，认识很多大咖牛人，但是在危急时刻却鲜有人出手搭救，门前冷落车马稀呢？值得我们思考的是，“把客户哄好了，伺候舒服了，客户高兴了，我和客户的关系就深了，合同就很容易签了”，对于一心想搞定客户的职场新人来说，这些都不能信以为真，这些误区会阻碍你习得拓展关系链、提升人脉的真正门径。建立一个让人信任的形象，才是人脉竞争力产生正向循环的关键，不能你嘴上说得天花乱坠，客户听得心花怒放，切身体验的服务却是相去甚远，这样下去人际网不但不会扩大，反而还会不断缩水。看人交往是有禁忌的，是有红线的，最重要的一点就是诚信，谁也不愿意和一个说话不算话、出尔反尔的人相处，更别说和你做生意了。

商业往来，看人选择好客户，不能只看大人物、大客户，狭隘的眼光不能帮助我们结识高端人脉，要不拘一格广结人脉，小人物也有大能量。在我的生活中发生过这样一个真实的故事，我的朋友张跃，从小就梦想着能开创属于自己的一番事业，凭借自己的努力在建筑行业撑起一片天。有一次，张跃所在的地区要开始对市政基础设施进行翻新改造，这是事业腾飞开启新征程的良好契机。然而，环顾四周，与他同类型的建筑公司有几十家之多，而且他的企业资质和口碑也不是同行里最引人瞩目的，张跃心中不禁泛起一丝疑虑：接下来，如何抉择是好？他想尽各种办法，来回翻看自己的通讯录，试图找到和项目工程建设负责人有关联的人。经过一番打听，他的朋友圈里真有一位小伙伴和这位负责人相熟。和这位朋友寒暄后，他又惊又喜，和朋友把酒言欢，畅谈当年的情谊。朋友告诉他，那位负责人很喜欢钓鱼，于是张跃便借机和负责人一同去钓鱼，交流一番，两人颇为投机。最后，张跃不仅轻而易举地成功中标该工程，同时他还钓到一条了从未想过的大鱼。商场上，很多人都想去结交高端人脉，大人物能为自己带来大客户、大单子，但是很多小人物也常常在关键问题上扮演着不可忽视的重要作用，没有小人物的牵线搭桥，恐怕事业版图也很难得到扩张。

表情是人们内心情绪的“晴雨表”，一副陌生的脸庞下发生着怎样的内心活动、情感波涛都能透过脸上细微的变化全方位呈现。来自美国俄亥俄州立大学的科学家发现，除了看表情，我们还很会“察言观色”，能通过他人面部“颜色”的特征来识别情绪。心理学家认为，试图知道一个人心里在想什么，要特别关注对方脸色的变化，因为人的脸色是直接外显的，短时间内是不容易消失的。

脸红是脸部最集中、最常见的颜色变化，一般来说，如果一个人产生了害羞、激动、愤怒、兴奋等情绪，脸上相应地会呈现红晕。有一回，贾母等猜拳行令玩乐，林黛玉却无意中引用了《西厢记》《牡丹亭》等禁书中的语句，众人并未留心于此，只有宝钗听出其中不妥之处，并未即时点出。待众人散去后，宝钗将黛玉引至僻静处，哂笑道：“好个未出阁的千金小姐，秀口吐得都是什么！”当是之时，宝钗给了黛玉当头一记杀威棒，林黛玉顿觉不妙，求饶道：“好姐姐，你别说与别人，我再也不敢了！”就在此刻，林黛玉白皙的脸庞立刻泛起了红晕，见此情形，宝钗也并未再深究下去，心高气傲的黛玉也因此改变了对宝钗的成见，两人成了知心好友。在现实生活乃至职场上，脸红是一个人内心情感外显的突出信号，当一个人感到了害羞或是尴尬，红晕便很可能浮现在脸上。因此，通过一个人的脸色变化可以很有效地识别对方的心理状态，窥得一个人的内心。

当人们遇到尴尬的时候，眼睛和耳朵最先开始收集这些信息并传递给大脑皮层，大脑受到刺激就会马上做出相应的反应，分泌出肾上腺素，而肾上腺素会导致身体的血液更多地集中到脸上，故此人的脸就会绯红。在尴尬的情境中，人会感觉无地自容，短时间丧失应对能力，脸就会瞬间涨红起来，越尴尬越可能逃避，越逃避越是脸红。感觉尴尬羞愧的时候除了会有脸红的迹象，伴随这种紧张的心理情绪，人的面部还有微微沁汗的症状。有时候怒上心头，极气愤的时候，整个面庞也会跟喝了酒一样通红通红的。不光是害羞、尴尬和愤怒的时候，说谎的时候也会脸红。当说谎人为掩盖某种事情而做出虚假的陈述，其内心因害怕被发现而相当紧张时，情绪上也处于被动的地位，脸红就是一种条件反射，表达了犯错时人的羞愧心理。此外，不同的情绪还有其他的脸色变化。比如，恼羞成怒的人，脸部就不单是红，它可能红一阵、青一阵，有时转为苍白。

3. 会合作的伙伴都是乐意付出的人

在韩剧《奶酪陷阱》里，有一个非常经典的小组作业桥段。女主洪雪是公认的学霸，在老师布置的小组作业中，洪雪被组员一致推选为组长。开会定选题的时候，大家心不在焉，甚至推脱任务，后续的会议也以各种理由不出席。截止日期逐渐逼近，没有任何一个人按时把做好的内容交给她。洪雪忙前忙后，无奈看着他们发来的各种托辞借口。大家都在 Facebook 上，却一直没有人回她的信息。出身贫寒，想争取奖学金来负担学费的洪雪一个人埋头苦干，通宵把小组作业完成了。而当老师发现这全部都是洪雪一个人做出来的，批评说“不会团队合作”，直接给了不及格，包括身为组长的她。

我在上大学的时候，老师布置课题，也是要求各自组成小组，相互 PK 来完成作业。我们六个人中有两个男生特别用心，只要有空闲时间就查找相关资料，提出很有价值的建议。在合作的过程当中，他们俩会注重作品的逻辑结构，反复地推敲。成员间的日常交流让团队更加有默契，工作时效率很高，大家一起讨论着就把问题解决了。这两个男生工作很勤奋，自己功课很多，还付出很多的心血和努力，无形中扮演了挑大梁的角色，俨然是团队的主心骨。最后，不负众望的是，在我们所有的努力下，尤其是两位男生的带领下，我们的作业如愿拿到了小组第一。在之后的多次小组作业中，我们几个便成了固定搭档，有很多人看到我们组的两位学霸都想过来搭便车抱大腿，即使在其他场合也都聚拢在他们周围。什么样的合作伙伴最受人欢迎，大家心里都有一杆秤，愿意付出、主动付出、乐于付出的人都会受到周围人的青睐，他们常常勇挑大梁，用艰辛的汗水和意志力，以一己之力撑起团队的一片蓝天。

小组成员中还有一类人，他们抱紧学霸大腿，在学霸的庇护下，开开心心地拿着高分，无忧无虑地享受着他人的劳动成果。这类人也常常出现在我们的学习、生活和工作中，索取多于付出，苦活累活都让合作伙伴包揽了，这样的人不可能独当一面，难成大器。相反，当你主动付出，主动帮助别人，持续不断为别人贡献价值的时候，就意味着别人处于获取者的角色。这就迎合了他们内在为自己谋求利益的需求。所以，如果你一直是处于主动付出，主动帮助，主动为别人提供价值者的角色，那么跟你发生关联的每一个人都会对你印象深刻，都愿意跟你靠拢。乐意付出的合作伙伴都会得到众星捧月般的待遇。

4. 拜访应遵循的要点

事前演练，做好充足的准备。俗话说得好，机会留给有准备的人，拜访客户前，我们要做好充足的准备，比如说首先就需要定位客户群体，找到目标客户，增加成功的几率。其次对客户进行全面深入的了解，知道客户的需求是什么，使用什么方法能够打动客户，说服客户。这要求我们既要查资料，也要通过各种信息渠道，如自己的朋友圈以及人脉关系找到优质客户。为了拉近和客户的距离，提高签单成功率，我们还需要注意各种细节，做好事前演练，确保在拜访时不被客户挑出毛病。

确定拜访，正视心理压力。既然决定要去拜访某位客户了，心里难免会产生恐惧、害怕情绪，担心自己的表现得不到客户的认可，不能留住客户。实际上，每一位客户都有拒绝你的可能，而这种风险会在一定程度上压抑着拜访者，背负着压力、自卑等各种负面情绪反而会让客户对拜访者的动机和推荐的产品产生怀疑，为双方合作蒙上阴影。因此，我们要摆正心态，正确对待压力，勇敢自信地去拜访客户。

做到充分有效的沟通。人和人在交流的时候，大家都喜欢聊自己喜欢的话题。彼此都感兴趣的话题是交流互动的动力所在，也是双方深入交谈了解对方的最好切入口。拜访时，聊起客户感兴趣的话题，主动地引导客户了解自己推销的产品，将产品的功能、质量、定价等一一介绍给客户，这样沟通起来更加高效。否则，没有一道合适的开胃菜，无论拜访者表现再专业，只要客户不感兴趣，沟通起来就显得千难万难。

合理提问，随机应变。马里奥·欧霍文是销售界的传奇人物，在一次采访中称："我之所以能够轻松地完成这些看起来很艰巨的任务，关键在于合理的提问能帮助我了解客户的需求。"当其他的保险推销员每次都铩羽而归之时，马里奥·欧霍文都能逆流而上，在提问中精准分析客户，满足客户的需求，后来他和食品大亨克里·斯特朗结为了挚友，取得了骄人的业绩。如何找到客户内心的需求和欲望，最简单、最有效的办法就是善于提问、合理提问，在一次次的反复问答中撬开客户的真实想法，给出合理的解决策略，提升交易的成功率。

聚焦主题，快速出击。拜访客户的时候，我们要尽可能在短时间内回应客户关注的信息和问题，有客户经常这样说："我现在很忙，没有时间。"拜访者通常会回应："没事，我就耽误您两分钟，做个简单介绍。"所以为了尽快勾起客户的购买欲望，我们必须聚焦主题，将有价值的信息提炼出来，这样既不会浪费客户的时间，也不会浪费自己的时间。

5. 用心理战术化敌为友

掌握对方的心理，巧止冲突。与不和的人交往，首先要观察对方，了解对方的心理，做到胸有成竹，然后再决定如何迎合和适应他，避免冲突。比如不要当面驳斥别人的观点，不要触犯别人的忌讳。在日常交往中，如果遭遇剑拔弩张、一触即发的紧急事态，一定要冷静下来，照顾对方的情绪，最好多加解释、设法沟通，用对方受用的方式去道歉、去劝慰。

装傻示弱，自我贬低抬高对方。英国 19 世纪的政治家查士德·费尔爵士曾言："要比别人聪明，但不要告诉人家你比他聪明。"人生在世，最重要的是生存与发展，如果饭碗都没了，那么要理想和抱负有何用？聪明的刘备适时放下身段，认清形势，假装愚钝，逃避了迫害，如此才有了后来的三分鼎立。即使对方不待见你，甚至对你有颇多意见，也不可在他面前耍小聪明，倒是要积极赞美对方，多为对方的长处喝彩，收敛自己的锋芒，主动为他人做嫁衣。

糊涂是一种修养，是一种气度，一种生存的智慧。人们都喜欢简单的人、听话的人，因为与这样的人交往很轻松，很有存在感。两个人既有竞争又有合作，免不了为完成一个项目在一个屋檐下加班加点。如果对方的操作出了岔子，上司却迁怒于你，这时候我们要主动认错，不要试图去解释什么，老板要的是预期的成果。如果执意分清对错，稍有得罪，会导致矛盾升级，项目建设将很难顺利开展下去。

以幽默自嘲的方式化解冒犯。发生争吵的时候，最好的方式是使用调侃、幽默的语言，或者自嘲的方式，在对方怒上心头之前，化解尴尬和冒犯。朋友的老婆很爱攀比，看到一件价格不菲的新款连衣裙就反复央求朋友买。由于刚刚结婚没多久，房贷、车贷已经让朋友的生活水平降了很多，吃饭都紧着花。妻子抱怨说："你看看小王对他老婆多好，连衣裙说买就买，眼都不眨一下。"丈夫灵机一动，故作真诚地说："可是，她要是有你这么漂亮，还用得着买这？"老婆一听就乐了，没再提起买裙子的事。

绵里藏针，进行心理震慑。不能过于善良，你表现得大度和宽容，别人不一定就会对你有所感激，或许还会变本加厉地冒犯你。学会绵里藏针，既要暗示自己的实力，让对方不敢轻侮，又不折损对方的颜面，给对方台阶下。是可忍孰不可忍，必要时候我们需要大胆向别人亮明自己的底线，避免被人当"软柿子"捏，搞到最后自己吃亏又受委屈。有时候，我们会不可避免地遇到一些有敌意的人，但是不是一味的忍让和退避就能迎来和解，要适时向对方表明自己的观点和立场。

6. 投其所好的心理攻势

倾听客户心声，打开客户心门。如今，市场上的商业竞争越发激烈，对产品和服务的标准要求得越来越高，经营者要想得到客户的青睐，就必须了解他们的心理需求并给予满足。可以说，心理学是打开他人心理之门的钥匙，掌握了一定的心理学，我们便能通过顾客的一句话、一个动作、一个表情甚至一个眼神窥探其内心的想法，从而采取有效的营销策略，在迅速变化的市场上占据一席之地。如今，不是把产品卖给客户，做完“一锤子买卖”就拉倒，而要把客户引进来，了解顾客的需求心理，发掘其潜在的购买需求，进而激发其购买愿望，从而形成一种稳定的交易关系。

客户都有从众心理。很多客户都有一种从众的心理，这也是人身上普遍存在的心理。大家都喜欢的东西肯定不会坏到哪儿去，如果一个产品深受追捧，人气旺，这种影响就会波及到更多的人群，客户在心理上就排起队来。比如今年最流行的、某个名人也在用等说辞，就会激发顾客的购买欲。尽可能选择那些人尽皆知，比较有权威性的，对客户影响较大的老客户作为列举对象，否则很难激起客户的从众心理。

客户都有占便宜心理。如今，越来越多的消费者在结账时不再刷卡支付或使用现金，而是拿出手机扫描相应的二维码付款。坦白地说，改变消费者的消费习惯并非易事，这不仅需要有较高安全性的第三方支付平台、简便的操作方式，还要有更好的支付方式。这个“引爆点”，就是迎合大众爱“占便宜”的心理，让他们从中获利。正如支付宝在推广之初针对超市和餐饮业，推出了用支付宝钱包支付立减多少元甚至免单的宣传，令消费者趋之若鹜。

客户的心理防线很脆弱。对于陌生人推荐的产品，客户刚开始会有一定的戒备心，对你的动机和产品提出种种疑问，恨不得把你放到显微镜下挑毛病，这时候就需要我们耐心又细心地回答。在介绍的过程中，一定要把握住机会，让客户对你的产品改变看法，从定价、质量、功能还有其他方面尽可能去说服客户，打消顾虑。等客户开始注意听你描述的时候，他的防备心理已经开始松动了，我们更要全神贯注地对待客户提出的每个问题，进一步让客户对产品更有信心。

7. 完美结束你与他人的洽谈

当我们在对陌生客户进行拜访并与之达成初步合作意向之后，就需要适时做好铺垫，以便后期对客户进行跟踪维护，完美结束此次洽谈。千万不要觉得一次拜访就会决定交易的结果，客户还有可能会再次提出会见，就产品细节或者自己的顾虑开展进一步沟通。因此，我们绝不能掉以轻心，反而要加倍投入其中，用足够的理由说服客户，坚定客户购买产品或服务的信心。

细节在很大程度上会影响成败，尤其是客户在做出关乎自己切身利益的抉择之时，任何一个意外的差错都可能让客户退出交易程序，导致洽谈以失败落幕。客户依然会因为自身对产品细节的有限认知和对交易未知风险的担忧，迟迟不肯签字，希望通过进一步的交流找到有利于自身的可靠信息，通过这些细微之处下定最后的决心。这些细节是什么，是我们的商务礼仪、专业水准和职业素养。如果客户从拜访者不合适的举动中得出其不谦虚、不沉稳的判断，就会由此怀疑到他的专业水平和对该产品描述的可信度，在这种心理推动下，客户很有可能会推翻之前与拜访者达成的所有合作意向，甚至会为自己的明察秋毫、火眼金睛而无比庆幸。货比三家不吃亏，客户还有可能去调查市面上同类产品情况，因此，我们要打败各类竞争者，就必须足够重视细节，用心赢得客户的好感，完美地结束此次交易。

正如一篇英雄史诗，无论开头多么恢弘壮丽，如若结尾太过仓促无力，都不会是广为传唱的优秀作品。但如果开篇平淡朴实，而收尾却意境深远，令人浮想联翩，绝对会令人鼓掌叫好。拜访客户洽谈生意，并非一次访问就能成功，很可能要跑很多次，所以第一次的告别决定了下一次能否受到同样的欢迎。我的一位同学去北京应聘互联网公司的营销岗位，最后被一家电商巨头通知去面试。在公司前台等候面试的时候，他发现一同前来的候选人各个履历丰富，成绩斐然，令他不禁感到紧张起来。面试的最后一个环节，考官让他做一个英文介绍，他努力平复不安的心情后，诚恳地说道：“很荣幸来到这里，和您进行了一次愉快的交流。从您的介绍中，我感受到了贵司优秀的企业文化、和谐的工作氛围，我觉得自己和贵司的气质很相称，极致用心不讲究，如果能被贵司录取，我将竭尽全力为公司效劳！”礼貌的结束会谈后不久，我的同学就拿到了这家电商巨头的 offer。洽谈从头至尾都要给人始终如一的印象，如果你拿到订单后不能自已，很可能会让客户对你的职业素养表示怀疑，对以后的双方合作、关系维系都是不利的因素。

8. 适当透露隐私可增加亲近感

当我们遇到陌生人的时候，一般会自动地升起一道心理防线，警惕性地保持一定的距离，这种距离在他人面对我们时也同样会出现。那我们试着思考一下，那些让你在短短几分钟内就产生好感的人是怎么表现的呢？他们是不是用一种令人感动、熟悉且亲切的表达方式和你交流，说着日常生活里鲜为人知的禁忌，或者是一些小秘密、隐私，让两个人的心越发靠近，关系加深了呢？

生活中，我们和朋友之间说话比较随便，想说什么就说什么，不会有任何顾忌之处。但是在职场上，和同事或不太熟悉的人交流时，我们表现得礼貌谦虚、客气得多，会选择委婉且无可挑剔的说辞与之交流，把自己最好的一面展示给他人。交浅言浅，交深言深，反过来看，交流内容的深度和广度也在影响两个人的关系亲密度。职场上，工资和收入是一个很隐私的话题，而你们之间的隐私互换得越多，你们之间无形的亲密感就会越强。如果双方都乐于交换经济情况，谈论金钱的时候自然会延展到各自的薪资报酬和从事的行业和工作，由此我们不仅可以乘机了解对方的专业背景、人生经历和资源能力等，还可以表明自己的诚意。

和客户打交道的时候，如若想进一步促进和客户的商业往来，适当地敞开心扉交流是必不可少的。甚至在交谈的过程中，你可以适度透露出一点儿自己的私事，让你与对方的关系拉得更近。如果想知道客户的什么信息，不妨先主动透露你的给客户知道，比如自己的家庭情况，当你给客户看你家人的相片时，他多半也会给你看他的。有这么一个真实的案例，朋友所在部门的领导很受下属爱戴，因为他不仅待人和善，而且是个很顾家的人。他常常把家人的照片摆放在自己的办公桌上，有全家合影，有夫妻的合影，还有儿子成长期间的各类照片，照片背后都有一个难忘的故事。不仅如此，他和客户交流的时候还会拿出手机的存照给对方看，因此和客户的关系非常地友好，彼此之间也互相分享家庭趣事。每逢生日的时候他都会收到对方的祝福和礼物，这种从家庭延展到工作中的社交帮助他和客户建立了深厚的友谊。

第六章

善用人者，善识人

1. 知人之道在于“平淡”

如果一个员工行为处事低调务实，作风朴实谦和，并且常常以一颗平淡的心认真对待本职工作，那么这样的人一定会受到领导的栽培。不为其他，只因为这样的员工能脚踏实地，遇事波澜不惊，宠辱偕忘，是堪当大任的可造之材。这种人身上最闪光的地方就在于，懂得夹着尾巴做人，相比那些锋芒毕露的人来说，他们更加成熟稳重。

三国时期，魏国谋士刘邵写过一本拣选人才的书《人物志》，是我国古代人才学的重要专著，十分被清代名臣曾国藩看重。书中开篇就写道：“凡人之质量，中和最贵。中和之质，心平淡无味，故能调成五材，变化应节。是故观人察质，必先察其平淡，而后求其聪明。”所谓中和，《中庸》上有解释：“喜怒哀乐之未发，谓之中；发而皆中节，谓之和。中也者，天下之大本也，和也者，天下之达道也。致中和，天地位焉，万物育焉。”诸葛亮在那篇脍炙人口的《诫子书》中曾写道：“非淡泊无以明志，非宁静无以致远。”从孔明开始，三代忠良皆殒命沙场，赢得后人无限敬仰，不是不懂取舍逃避，而是以一颗平淡的心为国家竭忠尽智，舍小家顾大家，举凡国之栋梁莫不如此。

如果人人都觉得自己个聪明人，那么为什么聪明人总是感慨自己怀才不遇呢？其实，大家都比较倾向和“傻子”一起玩，更关照“傻人”，愚钝木讷如郭靖，却能受名师调教，倘若郭靖如黄蓉般古灵精怪、心狠手辣，他又如何能得到大师高僧指点。聪明人有悟性，但也最容易被人防备着，结果聪明反被聪明误，反误了卿卿性命，这是聪明人的局限之处。职场需要的是踏踏实实做好本职工作、不卖弄小聪明的人，平地起惊雷，只有这样平淡朴实、默默无闻、甘于奉献的人才会得到重用和提拔。

或许，平淡的人并非是最会平衡利害得失的，有时甚至会显得有些愚笨迟钝，但是真正的智慧在于含而不露。不过，要承认的是，世界上的偏才是比较多的，人总是有所长也有所短。那些只知道自己的长处而看不到自己短处的人是极其危险的，他们偏执的性格必然会给他们带来损失。而那些平淡的人往往能够在紧要关头沉得住气，能够为企业解决重大难题。知人之道在于平淡，这是用人识人之道。真正的伟大是单纯，真正的智慧是坦诚，真正的力量是谦和。所以老子说：“夫唯不争，故天下莫能与之争。”透过古今风流人物看默默无闻的平淡之人，就好像在一群五彩缤纷的孔雀中看云中之鹤，他日真正能腾空飞舞的必然是他们，也只有他们。

2. 善用不同性格的人

作为管理者，我们要分析不同性格的人，善于任用不同性格的人，把合适的人放到合适的岗位上，才能创造更大的价值。

沉静型性格的人性情温和，处事平和稳重，遇事多一些沉稳、多一点耐心。他们兴趣不够广泛，不太关注周边的事物，平时也不愿意多说话，很多时候都是闷闷地一个人待着，但是看问题很深刻，常常会有独到的见解，能提出有建设性的意见。

活跃型性格的人凡事都想争先，不甘落在人后，表现出强烈的进取心，希望自己走在前列。为人乐观开朗，活泼外向，即便是在一个相对陌生的环境，也能恰到好处地活跃氛围，瞬间成为穿梭在众人中的“社交陀螺”。这样的人，通常拥有较高的情商和较多的谈话技巧，当然他自身的热情以及与人为善的本性也十分重要。灵活机变，遇到南墙，立即回头，另辟蹊径，绝不磨叽。

支配型性格的人具有独特的个性和强大的内心，做事高效率，处理危机干净利落，一点都不拖泥带水。他们善于挑战难度比较高的工作，阻力越大，个人的能力和智慧愈能得到淋漓尽致的发挥。但是急于求成、易于冒进的他们不太愿意听劝，好大喜功，缺乏长远战略部署，容易走弯路。你千万别跟他谈什么民主平等的东西，他们没有那个闲工夫，他们只信奉绝对的服从和高效的执行带来的成就。

目标型性格的人非常注重结果，务实是他们身上最显著的特点，并且他们常常以结果为导向来制定目标。在他们看来，如果做事不求结果，那么在做事的过程中可能就会离事物的本质相去甚远，一切不以结果为导向的事情，都将是毫无意义的。他们看重眼前实际，不会把精力过多放在理论、原则或者情感上，他们为了工作，可以不顾一切完成任务，做事不抛弃、不放弃。抓到机会就做，绝不瞻前顾后，错失良机；做事追求效率，有超强的执行力。

严谨型性格的人是个细节控，做事很投入、很专心，心无旁骛、注重细节。他们总是把活儿放在心上、把心放在活儿上，倾注情感去做事。通常，他们做事会三思后行，从不同角度出发考虑问题；一切都要反复核实，查找资料，咨询专家，确认无误再进行。但是也因为太过谨慎，该冒险时不敢，过于固执，在狭小的天地里转圈圈，不擅权变之术。

知识型性格的人笃信知识就是力量，重思考，爱研究，尤其是喜欢安静的环境，喜欢一个人独处学习。而且他们大多视理论探索为人生中最重要的追求，他们主张“先谋而后动”，结合自己学过的相应的专业知识来处理业务，管理公司。

3. 磨炼精确的判断力

日常生活中，我们每天都在做出各种各样的抉择，不管是正确的还是错误的，困难的还是容易的，绝大部分行动都是在做出判断之后才逐步展开的。比如说，人每天会从各种渠道接触到各种资讯，但是一个人的注意力和时间是有限的。当你选择了一个以娱乐内容为主的公众号，你的注意力和时间将被它分去。而你本可以用这些注意力和时间去获得一些更有深度的、对你自我提升更有意义的资讯。如此一来，错过更有深度的资讯，就成了你选择“阅读娱乐内容”的机会成本。不论结果如何，这种价值判断在我们每个人的身上都或多或少地发生着。人类正是因为能够判断，才能获得思考的精确性，这使得我们能够去伪存真，从繁杂的事物中提炼出有益的判断准则，得出正确的结论。一个人可以没有思想、没有胆量、没有很多杰出的品质，但是唯独不能缺失判断力，尤其是在职场上，你的判断力决定着你的竞争力，精准的判断力能让你在各种复杂的局面更加主动，避开很多雷区，游刃有余。

说到判断力，法国作家拉布吕耶尔曾说：“钻石和珍珠是世上最稀少的东西，而可靠的判断则更为罕见。”对于身处关键位置的领导者来说，精准的判断力不可或缺。能够加以佐证的案例不胜枚举，迪奇和本尼斯就提出，“领导力的精髓是判断力。领导者需做的唯一最重要的事情就是做好判断和做好抉择……判断力是核心，领导力的核心。判断力佳，别的都不重要。判断力不佳，别的再好也枉然”。俗话说得好：“方向不对，努力白费。”一个人只有拥有了准确的判断力，才能规划好努力的方向，事半功倍。

梁启超曾言：“想要养成判断力，第一步，最少须有相当的常识，更进一步，对于自己要做的事须有专门知识，再进一步，还要有遇事能断的智慧。”我们要学会独立思考，充分运用常识去判断真伪，比如小学生都知道的故事——王戎识李。有人会认为卓越的判断力是企业家的天然秉赋，其实不然。过人的判断力并非与生俱来，而是在日积月累的实践中，在一次又一次的决策和拍板中，反复磨砺出来的。南宋末年，北方的忠义军首领李全逐渐坐大，南宋朝廷一直在给人、给钱、给支持，希望李全成为南宋和蒙、金之间的屏障。这时候一直有一个人坚定地认为李全不仅无法成为南宋的屏障，反而会倒戈一击，成为南宋致命的危险。此人名叫赵葵。历史证明了赵葵的判断是对的，李全一路南下，把灭宋的真实意图暴露在世人面前。如果南宋统治者也能够有足够的判断力，李全带来的麻烦也许会小得多。

4. 习性也识人

有句俗语云：江山易改，本性难改。还有一个成语叫狼子野心，意即狼崽子虽幼，却有凶恶的本性，比喻凶暴的人居心狠毒，习性难改。“习”作“习惯”解释，当一个人习惯与你相处的时候，就会逐渐显示出他最真实的面貌与想法。一个人的习性，一旦养成，是极不容易改变的。要想全面了解一个人的内心，准确判断其性格，我们完全可以从对方的生活方式、行为习惯等方面看起，正如某句名言：“性格其实就是习惯的综合，是你习惯性的表现。”故此，一个人的生活习惯、起居行止都是看人识人的重要切入点，细微处泄天机，这不仅是可行的，也是可信的。

从客户对待名片的态度观察其心理。名片上的几行小字描述一个人的基本信息，但是从交换名片的方式可以窥知对方的心态。比如对方拿出名片时，用双手接过来是表示尊敬、重视，且表示自己的诚意和礼貌。如果对方不接名片没有任何反应，说明对方对此不以为意，没有放在心上。随手接过名片的人也是没有交往热情的人，对你不感兴趣，只是出于礼貌的敷衍应付而已。

从同事的“小动作”体察其背后的心事。职场上，和同事相处久了，就会发现有些人总是会不自觉地做出某些小动作，虽微不足道，但实际上却能反映出重要的信息。华悦是十足的话痨，表达欲十分旺盛，不管认不认识，他都要拽个人闲扯半天，非要让自己说个痛快才停下。同桌的周晴每天都要被迫听他叨叨说个半天，心里不愿继续听下去，不觉地开始抖腿，托起下巴，笔像敲木鱼一样有节奏地敲桌子，桌腿都晃动了起来，直到华悦让世界安静下来。多次以后，华悦才注意到同桌的特殊“抗议”方式，如梦初醒。

从上司的出牌套路看透领导心思。我实习的时候是在北京的一家广告公司上班，部门负责人 D 年事已高，即将拥抱退休生活，而 H 是部门副部长，才四十出头，年富力强。D 平时都不怎么过问业务，好像是提前进入了退休生活，都是 H 在主抓具体工作。H 一直都是业务骨干，但是和下属并不怎么亲近，不愿与部门员工沟通，所以大家都对他敬而远之。部门的小秦有一次被 H 叫过去谈话，H 劈头盖脸地训斥他：“不懂规矩，直接越过我向部长汇报项目进展，你是不是认为我这个副部长不够格？”小秦委屈地说自己没那意思，H 仍不依不饶地大发雷霆：“作为一个老员工，不会不知道工作纪律和工作流程吧，我可是这个项目的负责人！”我们知道，部门副职领导也是一个很重要的职位，也是我们请示汇报的主要领导之一，越级汇报本身不符合职场规矩，碰上前文所说的能力强且强硬的领导，免不了要受一顿责骂。这是扬威立信的好机会，对于自尊心强的领导来说更是个好由头。这时，如果下属在心里跟领导拧着劲，那两人的关系只坏不好，上司对他的信赖也会只减不增。

5. 用人特长的 5 个方法

按特长领域区别任用。受主观和客观因素的影响，人在知识和技能方面的特长具有明显的领域性，一旦离开所适应的领域，这些特长可能变得没有意义。正所谓：骏马能历险，犁田不如牛；坚车能载重，渡河不如舟。一名职业作家能写出灵动激越的文字，但对图书销售却可能一窍不通。同样，一位营销高手能在图书市场上叱咤风云，但点灯熬夜写出的文字却可能不值几何。用人就要根据人的特长领域区别任用，使其长处得到发展，短处得到弥补或规避。

按特长的变化而用。所有人的特长都不是始终如一的，有些人的特长可能还会发生变化，正所谓用进废退，特长长久不能得到发挥和利用，天才也会泯然众人。还有一种情况是，随着时间的推移，某些人可能对其他领域产生了兴趣并积累形成了自己的优势特长。因此，我们说特长是有转移性的，可以从一个领域转移到另一个领域。很多出类拔萃的管理者并非科班出身的，甚至在与自己所学八竿子打不着的行业中脱颖而出的。而这些特长转移的人常常都是不可多得的人才，他们没有这方面的专业背景却在这个领域做出了骄人的业绩，说明他们有很强的创造性思维，表现活跃，敢于冲破习惯的束缚，善于开拓创新，拼搏进取。一旦发现这些员工的特长发生转移后，立即对其工作领域进行调整，使其在合适的岗位上发挥他们应有的能力，为公司创造更多的效益。

据其特长状态，合理使用。运动员在职业生涯的巅峰期造就了辉煌的战绩，也为世人留下了无数的精彩瞬间，可以说，最佳状态的他们开创了个人生涯的辉煌顶点。无论是顶级球星、商界精英、政治领袖，还是普通个人，都有职业的巅峰时期，个人的最佳状态。青年时期是人生中精力的巅峰，记忆能力、反应能力也是处于最佳状态，“文革”结束后大批恢复到领导岗位的干部，但年龄普遍老化、工作精力不足、文化水平偏低、专业结构不合理，改革开放总设计师邓小平同志当时就针对领导干部年龄偏大的现象进行改革，率先提出干部年轻化的策略，为党的干部队伍注入了新鲜血液和勃勃生机。

我们要善于挖掘和培养人的特长。首先企业应该通过培训来挖掘员工潜力，通过岗位锻炼考察员工才干，这既能调动员工积极性，同时也是提高企业竞争力的关键之一。用人必须根据人的特长领域性，坚持区别对待、因人而用的法则。用人时应该注意先要了解和弄清楚任用对象的特长是什么，这种特长适用于哪个领域，按照人的特长派用，使工作领域与人的特长对口。工作领域和人的特长二者中，应把考虑的重点放在人的特长这一方，要因人而用，不要削足适履，人为地强求人家改变或放弃自己的特长勉强去适应工作。

强中选强，优中选优。如果企业聚集了一批综合素质高、群众满意度高、业务能力强的人才，那我们要结合个人特长，优中选优，强中选强，丰富选人用人方式方法，从比较单一的组织选拔向竞争上岗、公开招聘等更加灵活的方式转变，搭建平台，多渠道多方式甄选提拔干部，全方位发掘优秀人才。只有完善人才梯队建设，充实管理层队伍实力，激发管理层的生机与活力，才能打造精干高效的管理团队。

6. 学会驾驭能人

了解欲望，树立目标。在企业中，优秀的企业管理者总能凝聚员工、提高士气，在激烈的市场竞争之中屡建功勋、成就大业，他们是企业人才的“侦察员”和“教练员”，更是人才的“指挥官”和“吸铁石”。即使在对待业绩突出、能力甚至超过管理者的人才，优秀的管理者照样可以将脾气秉性迥异的能人团结在自己的周围，而且越干越有劲，越干越贴心。原因不在别处，只因为他们是能人的知心人、贴心人，对能人的真实想法、真实欲望非常清楚，能够了解其长处，洞察其优势并深知其短处和不足，从而做到知人善任。对于委以重任的精英人才，管理者还不能袖手旁观，要与他谈未来，定方向，让他充满憧憬，锁定目标，全力以赴。给精英人才确定发展方向，他必将竭尽所能，施展抱负，全力奉献。

合理授权，抓大放小。诸葛亮晚年的时候，凡事亲力亲为，就连打二十军棍以上的惩罚措施都要亲自盯着，有时候他甚至自己亲自上去打。企业的管理者如此事无巨细地全盘过问，到最后肯定要累死。真正的领导者，不一定自己能力有多强，而是能正确利用下属的才干，合理授权，发挥团队协作精神。春秋时期，晋国派遣一位使者到齐国，接待的官员请示齐桓公："如何款待来使？"齐桓公回答一句："问管仲。"后又有官员向齐桓公请示政务，齐桓公有答曰："问管仲。"官员悻悻而走，随从不解，齐桓公笑曰："如果一个君主不懂得善用人才，全靠自己处理一切政务，那发掘来的人才又有何用。自从有了管仲以后，把齐国交由他管理，我就不用那么操劳了。"

将心比心，凝聚人心。无论什么人，除了基本的物质需要之外，都会渴望获得情感上的关怀和激励。管理者要应当站在员工的角度去思考问题，解决问题，推己及人，关心下属，帮助下属，以真心换忠心。在分配安排工作时，管理者要考虑到下属能力上的差异，对下属取得的点滴成绩要及时认可，适时予以鼓励肯定，下属才能因此受到鼓舞而树立信心。下属因工作落实问题受到批评也要虚心接受，查找自身的不足与问题，及时加以改进，提高工作效率和质量，才能不断地提升自身的综合能力。

赏罚分明，适当威慑。赏罚分明是古老的兵家法则，孙子在指挥学中提出了"七计"，压轴的一计是"赏罚孰明"。《左传》中，宋国和郑国交战之前，宋国的主帅华元宰羊犒劳将士，而为他驾驶战车的羊斟并未分食到羊肉。开战时，羊斟对华元说："日前的羊肉由你做主，今天的马车由我做主。"

说完驾车驶入郑军，因而华元被俘，宋军大败。领导者只有做到功必赏，过必罚，不偏不倚，激励与约束并存，才能充分驾驭能人，才能使企业有生机和活力。同时，必要的惩戒能起到纠正、禁止和威慑的作用，员工收到这种信号，会有意识地规范自己的行为表现，不敢在上司面前肆意造次。

7. 要有成大事者的风范

成大事者有大格局。《列子·杨朱》有言：办大事者不计较小事，成大功业者不追究琐事。在古人看来，一个人能否成大事的关键在于胸怀大局，不纠缠于细枝末节。看重人的才干，而不是只盯着存在的问题，这才是成大事者的风范。楚庄王大宴群臣时，一阵风忽然吹灭了蜡烛，这时一个武将醉意朦胧中对前来敬酒的王妃动了心，伸手拉住了王妃的衣服。妃子慌乱中摘下武将帽盔上的红缨，交给庄王说："有人无礼，请速举烛，无缨者即是。"庄王却说："今天是庆功会，我请大家来喝酒，酒后无礼，不能责怪。"接着大声说道，"今日宴会，务求尽欢，请大家把帽缨摘掉。"然后才下令点燃蜡烛。此举使酒后失态的武将十分感激，在后来一次战斗中，他拼死救出了险境中的楚庄王。

成大事者必志存高远。"有志者事竟成"这句名言，激励着古往今来的人们，但是由于每个人的抱负不同，成败利钝，也各有殊归。可见立志以及立什么志的问题，不仅影响着一个人的今天和明天，而且也影响着事业的成败利钝，以至企业的前途和命运。伟大的事业必有伟大的愿景才能行稳致远，作为企业管理者，更当树立远大的抱负，制定宏伟的蓝图，并矢志不渝为之奋斗。2018 年 2 月 7 日 4 时 45 分许，新型火箭“重型猎鹰”（Falcon Heavy）首飞成功，它也是现役运力最强火箭。在其制造者马斯克出生之前，人类的科技和商业虽然历经两次世界大战，却始终保持着不断跃进的态势，从征服海洋、征服两极、征服世界，再到梦想征服太空。马斯克的成功，也是现在的企业家所需要学习的，相比上市，有更远大抱负的冒险者才能走得更远。

成大事者必有静气。有些人之所以一遇大事就惊慌失措，很大程度是因为心里没底，也就是没有驾驭大事的能力和本领。中国首次载人航天飞行的航天员杨利伟有着超乎常人的静心品质，飞天惊心动魄，但在整个过程中，他都保持着一以贯之的平静。在进舱、发射、返回这三个关键阶段，杨利伟的心率一直保持在 70 左右。特别是发射上升和最后返回时，航天员要承受相当于自己体重十几倍的压力，呼吸十分困难，杨利伟却泰然处之，发射时，他的心率只有 72，可谓冷静之至。现在许多企业家有野心却没有静心，有霸气却没有静气。在遇到强大竞争对手时，有静心的企业家则能做到“侵掠如火，不动如山”，以不动心对一切法；而没有静心者，就可能方寸大乱、阵脚自失、劣招频出、市场沦陷。

8. 不要把别人当垫脚石

很多人在职场可能遇到过这样的事，明明是自己干的活儿，怎么反倒成了领导的功劳呢？众所周知，职场中，领导抢走下属功劳的情况，可谓是屡见不鲜，甚至于领导踩在优秀下属的肩上步步高升。而下级员工面对这样的情况，有苦不能言，非常糟心、窝火，甚至于升腾起一种被人当成垫脚石的愤怒，继而辞职离去。一个优秀的企业管理者，是绝对不会跟下属抢功劳的，有时还会故意把属于自己的那份功劳推给下属，而不是揽功推过，把别人当垫脚石。

管理者要学会让功，一个集体、一个组织、一个企业、一个团队，离不开领头羊的团结带领作用，不论是在战略布局、工作效率还是执行推动上，领头羊都起到了中流砥柱的作用。但是，企业能走向一个又一个的辉煌并不能完全归功于管理者的付出，还有广大员工的不懈努力、勤勉奋斗。一个优秀的管理者肯定需要一个帮手，一批得力的下属，功劳不是管理者一个人的，让功是对员工表达感谢之意，也是员工应得的回报。部下得到领导的肯定，必将此恩惠记在心间，必将激起更强烈的进取欲望，为公司发展添砖加瓦。

管理者要学会揽过担责。人在职场，难免会犯错误，即使用心想改正一个错误也需要一段时间。当员工犯错时，作为管理者不能一味地大加挞伐，而且是要学会去揽过，并不是说揽下所有的过错，而是要显示出，态度决定工作实效。与其让初入职场的新人担责，不如管理者的一概受过，用宽阔的胸襟和设身处地的体谅，让员工更加感念你的恩情，更加卖力地为你干活，千万不能让一起同甘共苦的兄弟为此寒心。

职场上，不少管理者为了激励员工，提升业绩，不惜给员工开空头支票，口头承诺员工完成某项任务就得到什么样丰厚的奖励。可是等到员工千辛万苦把任务圆满完成之后，领导没有做出任何要兑现的举动，甚至于找各种理由推脱，很让人气愤。稍微经过调查后发现，领导可能把员工的功劳据为己有了，在上司面前挣足了表现分，名利双收。有人说，累死累活不如写 PPT 的，后者完全把前者的付出集于己身，把他人当垫脚石。久而久之，谁也不会跟着这样的人继续干活儿了，人心离散，管理者的威信将不复存在。

功成不居，有功不揽功，得功让其功，让荣誉为大家所分享，让所得为大家所共有，才能赢得人心，众望所归。对自己经营上的失策，管理中的粗疏，能有一个客观认识，敢于正视问题，主动承担领导责任，诚恳接受上司批评和高层问责，而不是让下属背锅，踩在下属的身上蹚水过河。

9. 知人善用，各就其位

马克思认为，人力资源是所有资源中最宝贵的资源，人是生产力诸要素中最积极、最活跃的因素，组织的各项生产活动和管理工作都是靠人去完成的。现今社会，优秀顶尖的公司也一直在悄悄地、不惜花费大价钱地去通过猎头网罗市场上的高级人才，希望借这些高端的人才为公司的进一步发展助一臂之力。但是，与其从外面招聘职业经理人，不如挖潜增效，从内部提拔任用优秀骨干。尤其是企业的管理者，要善于把一批确有真才实学的员工团结在自己的周围，知人善用，各就其位，充分发挥每个人的聪明才智，鼓励他们出谋划策，在瞬息万变的商业舞台上大展拳脚，使企业沿着成功的航道前进。

孔子讲过一句话，叫作“有教无类”。什么是“有教无类”？男人要教，女人也要教；老的要教，小的也要教；有钱的要教，穷的也要教。孔子有三千门徒七十二贤士，但是孔子没有用同一种方法教他们。孔子有非常优雅的子贡，有非常好客的子路，有非常勤学的颜回，有一天到晚打瞌睡的宰吾。同样地，作为一个成功的管理者，也应当充分研究自己的下属：根据每个下属的性格、爱好、所学的专业等，看这个人能做什么，适合做什么，这样就能提升工作效率，也能充分调动员工的工作积极性。正所谓“尺有所短，寸有所长”。人才之所以是人才，是因为他在某一领域或某一方面有着超过一般人的技能，但并非是“神通”。因此，要想充分调动其积极性，使其潜能最大限度地得以释放，就必须根据其所长进行任用。一把钥匙只能开一把锁，一种技巧可能只对一个人有效，对另外一个人就无效。骏马能历险，犁地不如牛；坚车能载重，渡河不如舟；舍长以就短，智者难为谋；人才贵适用，慎无多苛求。如果管理者用心去研究下属，就会发现，人是不同的，每个人要用在他适合的地方。研究人力资源的人都知道，把人用错，就等于是人力的浪费。

市场竞争实质是人才的竞争，这是人们普遍的共识。知人善用，扬长避短，这是一个好的管理者应该具备的能力，也就是把合适的人放在合适的位子做合适的事。一般情况下，公司里技术方面非常出色的员工大多数性格内向，比较欠缺沟通和表达能力。这样的人，可以与之合作，可以解决技术问题，但真的不合适做领导，拉资源，带团队。对待这样的人，通常合适的做法是不停地提薪，发奖金，表彰贡献，他们可以在技术岗上越走越远，却不适合提升到管理岗位。刘邦的一大特点就是能做到知人善任，最大限度地利用人才的长处：会带兵的韩信，他敢放手给兵；善于谋略的张良，在他手下能够运筹帷幄；会管账的萧何，他敢放手给钱。

10. 赏与罚的分寸要把握

明朝末年大宦官魏忠贤，被称为“九千九百岁”，排除异己，专断国政。明思宗崇祯即位初期，被魏忠贤狠狠压制，不得掌握朝政。宦官能在朝廷上呼风唤雨，为皇帝以下万民以上的第一人，无非是因为权力过大，其权力又是来自皇帝多次的奖励，最终宦官结党营私的势力压制了皇权，导致奴大欺主。可见，过度的奖赏，很容易滋生自大自满，忘乎所以的心。废掉员工最好的方式，就是过度激励，让其骄纵自负，不思进取；奖励过轻，则起不到激励效果，可能会让员工产生不被重视的感觉。陈胜吴广起义的导火索就是秦朝规定的徭役，他们因下雨耽误了到达工地的期限，将被处斩。环境因素导致的延期误工却要付出生命的代价，这种过度苛刻的惩罚手段，并没有让平民更加顺从管理，反而激起了他们逆反和怨恨的心理，最终掀起了一波又一波的起义浪潮。在企业管理中，惩罚过重会让员工感到不公平，产生怠工情绪，人浮于事，不想工作，惩罚过轻则无法令其正视问题的严重性。企业管理离不开赏罚行为，管理者可以通过严明赏罚，最大限度激发企业员工生产经营的积极性，抑制员工不良行为的产生或蔓延。

《孙子兵法》指出，作为将帅，一定要把握好赏罚的分寸，不仅要严于军纪，而且要有宽容之心，包容之度，这样才能凝聚队伍，留住人才。作为管理者，赏罚得当，相辅相成才能取信于下属，使人进有所得，退有所失，皆效其力。赏罚要有分寸，有节制，不要走向极端，过犹不及，反而会失去效果。况且，赏罚仅仅是领导管理下属的一种方法，而不是万灵药，更不会没有任何负作用。对企业员工进行赏罚，必须要有规章制度作为依据，要避免由领导者凭借个人好恶或不全面的判断来实施赏罚。在制定赏罚制度时，一定要根据企业目标和管理的需要，认真权衡赏罚标准，尽量使制度“科学化”。其次，必须保证赏罚的“公开性”，提高透明度。惟有公开才能保障公正，公开赏罚可以受到企业全体干部职工的监督，避免领导的随意行动。同时，公开赏罚可以达到其“激励”和“警示”的目的。

该是多少，就是多少，丝毫不得含糊。其中，分寸感极为重要。要定性，还得定量。该赏则赏，和特定主体的德能勤绩相称，则有功者自会更加奋发向上，而无功者自会退而反省，发愤图强；当罚必罚，和特定主体的过失以至罪行相符，则有过有罪者自会心服口服，而无过无罪者亦会受到巨大的震撼、警醒和教育。相反，假如赏罚不到位，不仅达不到预期的目的，反而会事与愿违，产生恶劣的影响。

11. 施威不忘善后

在公司的实际运作中，领导的威信是政令畅通的坚强保证。常常能碰到领导大发雷霆，对下属展现出一种令人敬畏的气场和形象。这是因为管理下属不能一味做老好人，对于刚愎自用、不服管教的下属，适时发火施威，比苦口婆心的说教有更好的效果。为了迎合某些领导的喜好，也为了给自己邀功请赏，有些员工不能静下心来踏踏实实搞工作，却将心思用在投机取巧、耍花架子、搞形式主义上，甚至在大政方针上或者正式场合出现差错。面对屡劝不改、屡教不听的下属时，要敢于发火震怒，既能显示出威慑力量，又能制止其错误行为。电影《焦裕禄》中有一个细节：当某村干部们面对天灾降临齐声号哭的时候，焦裕禄一改平时的和蔼敦厚，厉声断喝："别号了！你们他妈的都是娘儿们？当干部的这么孬种，群众还怎么办？你们是汉子，得拿出办法来呀！"这下子满屋哭声戛然而止，村干部们纷纷抬起头来，觉得有主心骨了。你看，在这种危机关头，焦书记发火把干部们从颓废的泥沼里拉了出来，这不比苦口婆心和千言万语更提振精神吗？有发火有善后，有批评有交心，这才是一种恩威并施、刚柔并济的领导艺术。

日常发火，不论多么高明都会伤人的，只是轻重不同而已。故此，施威应不忘善后。善后也要看火候，看时机，太早了，无异于主动跳入火海，太晚了，郁积已久的“情感死结”就不好解开了。当对方的怒气稍稍消去一点，情绪渐渐平缓下来，我们要乘势去扑“火”。因人而异，区别进行善后。比如说，有些人心胸宽广、有气度，不会因为你的愠怒而耿耿于怀，你发过的火可能都没能给对方留下什么深刻的印象。还有人看事比较通透，能够换位思考，体谅别人的苦衷，你的火气都能得到他的理解。当然，前面所述的是令人感到庆幸的一群人，还有些人自尊心特别强，你就得多费点口舌，多多美言几句；有的人能夸不能骂，你就必须从其他事情上多多褒扬他以弥补这次的“当众训斥”；更不好处理的是心胸狭隘的一类人，他们非常敏感，气量狭小，所以想感化他们绝非一朝一夕之功，只能多花些功夫多花些时间去和他促膝谈心。

善后措施应多措并举，确保效果理想。通常来讲，跟你发过火的领导亲自登门和你谈心、解释和致歉，就是给你很大的台阶下，想必你也不好回绝对方的一片心意，也会顺坡下驴，跟对方和解的。有时候，领导发火有点过了，仅凭语言恐怕难以弥补对方受到的伤害，尤其是遇到得理不饶人的同事时，不能直言解释，最好“拐弯抹角”又或者“借东风”，大可在重要的场合为他说好话，表示自己的歉意，并间接传到他的耳中，这样显得极为自然而不刻意，很能打动人心。另外，我们还可以通过解决对方的难题，努力为对方创造有利的工作条件，以成人之美的方式弥补自己的亏欠，这样人家也会由衷地感谢你的付出。

12. 如何减少对立与抗拒

对立与抗拒是现代社会人际关系中出现的不可避免的一种心理和行为。在矛盾彻底爆发之前，对立和抗拒往往成为表达矛盾的一种形式，通过这种形式，你能明显地感受到双方在情绪上的波动。对立与抗拒不仅表现为心理上的抵触，而且还包括情绪上的对立，情感上的厌恶和不满，表现在实际行动中，则可能对对方进行刁难，严重者会爆发冲突。

对立与抗拒出现的原因很复杂，大抵可分为两种：一是双方在利益诉求、处事风格等方面有明显差异，难以达成一致，二是一方在工作中有某些失误或能力不足的长期积累导致另一方的不满和反感。对立与抗拒一旦出现，很难在短时间内消除，是否能够有效地缓解对立情绪，很大程度上影响着事情的最终成败。在《触龙说赵太后》这一《战国策》名篇中，赵太后刚刚主持国政，秦国攻赵，赵国求救于齐，齐以赵太后小儿子长安君做质子为条件出兵，群臣进谏，赵太后不愿，赵国形势危急。赵太后与群臣之间的对立十分严重。左师触龙求见赵太后时，先与赵太后讨论身体情况，缓解了赵太后的愤怒，再以自己的小儿子和赵太后的女儿为例，向赵太后说明了“位尊而无功，奉厚而无劳，近者祸及身，远者及其子孙”这一道理，赵太后才答应以子为质。触龙这种做法在现代心理学上称之为“自己人效应”，就是让对方觉得我们是一伙儿的，或者我是懂你的，这种情况下，更容易拉近自己和对方的距离，也会减轻对方的抗拒心理。

当对立和抗拒出现的时候，管理者首先要做的就是反思自己，比如做出的决策是否太过不切实际，自己在工作上是否存在失误，而不应该把自己摆在过高的位置上，完全相信自己的决定。其次就是要改善双方在情感上的对立，有效的情感交流可以缓解甚至彻底消除双方的对立与抗拒，比如可以组织一些员工活动，或是以匿名交流的方式，增进相互之间的了解。很多对立产生并不是交流太多，恰恰是了解太少造成的。我们很难做到设身处地为别人着想，但我们有时只需要使用一点共情的能力，就会有效地抑制对立与抗拒的产生。“自己人效应”也是这种原理，把自己放在对方的位置上设想一下，很轻松地就会理解对方的抗拒心理，从双方共通的点出发，引起共鸣，在解决问题的时候就会降低难度。

对立与抗拒是现代社会中普遍存在的，不论是在职场，还是在生活中，如果不能解决，我们就会陷入“对立—抗拒—不愿做—做不好—重做—更加抗拒”这样一个恶性循环，效率和质量都会大打折扣，因此当对立与抗拒出现的时候，我们不能忽略其存在，而要正视这个问题。千万不要把自己放在一方的对立面上，因为本就是因为意见不同，才会产生对立，如果一味地抗拒交流，抗拒了解，情况只会越来越糟。倒不如试着站在对方那边，双方进行沟通，双方互有妥协，才能缓解对立和抗拒的紧张气氛。

13. 如何应付高傲虚伪的人

在生活中，我们常会遇到高傲虚伪的人。在跟他们相处的时候，我们会明显地产生不舒服的感觉和不适的情绪。高傲虚伪的人通常有三个特征：一是利益为重，非常自私。高傲和虚伪的人功利心很重，做事情时只会考虑自己，很少考虑别人，甚至会为了达到目的不择手段。二是做任何事都带有很强的目的性。比如他们做了一点小事，可能会大肆宣扬，来树立自己的形象。三是自视甚高，他们往往会标榜自己的某项成绩，把自己置于道德的制高点，去批判别人。

人与人之间的联系是普遍存在的，一段良好的关系能够为彼此带来快乐，但是如果其中一方带有高傲和虚伪的特点，这段关系就不健康。莎士比亚说：一个骄傲的人，结果总是在骄傲里毁灭了自己。我们对此深信不疑。马谡因骄傲丧失街亭这一重要的战略位置，直接宣判了自己的死亡。马谡真的是毫无能力的将领吗？其实不然，他的骄傲轻敌才是他失败的根本原因。法国喜剧作家莫里哀在《伪君子》中，揭露了宗教骗子和伪信士虚伪又自私的实质，告诫我们虚伪的人最终都会自食其果。当我们遇到高傲和虚伪的人时，第一反应是逃避，但这并不能解决问题。然而这样的人很少能够听取别人的意见让自己做出改变，所以我们要注意与高傲和虚伪的人相处方式。

首先高傲和虚伪的人都有着极强的自尊心，特别是在众人的注视下，会有很强的展示欲。这种情况下，我们不能去拆台，要给他一个展示的机会，如果他们没有明确提出需要帮助，我们做好观众即可。其次高傲和虚伪的人也有自身的弱点，他们在某种程度上以高傲和虚伪来掩盖自己的不安和怯懦。在与他们相处时，我们可以尝试多与他们进行对话，尝试了解他们的弱点，了解他们所喜欢的和讨厌的，会降低相处的难度和不适情绪。比如在公司进行团建活动时，这类人通常会展现出自己的长处，我们不要吝惜自己的掌声，给予他们肯定。高傲的人常常会觉得没有什么事自己做不成，这是他们的一种心理，但并不代表他们拥有这种能力。因此，我们最需要做的还是做好自己的本职工作，术业有专攻，只要我们在自己的工作领域做得好，也一样会受到这类人群的尊重。能够与他们和平相处，需要一定时间的了解和努力，并不是一朝一夕就能做到的，因此在这个过程中我们要有耐心。

面对虚伪的人，我们要心里有杆秤，不一定非要拆穿他，除非在某种迫不得已的情况下，例如危及自己或他人的利益。

有句话说，如果不能改变环境，那么就尝试改变自己，放到此种情况下很合适。大千世界，这样的人不在少数，我们不能一看到他们就生气，从而影响了自己的工作。在面对这类人群时，我们要保持冷静与克制，专注自身的工作，以平常心对待，他们在感受到我们的真诚以后也不会一成不变，依旧我行我素，而会审视自身，改掉一些缺点和问题。

14. 管理下属也要投其所好

在工作中，我们都会根据自己的特长去完成某一部分的任务，如果这一部分恰巧又是我们的兴趣所在，那么我们则会更加认真地去做。相信大家都有过这样的经历，当你做一件事的时候，如果有了兴趣的加持，我们的认真度和完成度都会上升。在工作中，如果上司分配的任务与我们自身兴趣完全无关，随着我们对立与抗拒的情绪滋长，消极懈怠的行为出现，就会严重影响工作的进度。其实在现代的职场中，下属对上司抱有一定的戒备心理，表现在下属进行工作反馈时，往往会有一层顾虑，不会完全说实话。如果不能得到下属的信任，不了解下属的需求，即使下属做了再多的事，都不能达到最好的效果。

北宋时期寇准曾被派到饥荒严重的灾区做官，前任官员没能处理好上司和民众之间的关系，导致灾民众多，钱不对位。寇准到屯粮最多的富商家中，从富商爱财的角度出发，告诫他们灾民知道哪里有粮，若不开仓放粮，灾民就会骚动。除此之外，寇准以赝品画作为名约上司来到灾区，使上司第一次看到了灾区人民的疾苦，回去后，上司便给此处拨款来缓解灾情。其实对于富商也好，上司也好，寇准清楚，每个人的喜好不同，有人爱财，有人爱名，有人爱才，只有投其所好，才能真正为我所用。也许在现实生活中我们讨厌目的性这么强的活动，但不可否认，这有利于我们更好地完成工作。

其实不论是上司对下属，还是下属对上司，互相了解对方的喜好，都是能够更好进行工作的一种途径。比如在公司的活动上，上司可以通过员工展现的才艺来对员工以后的定位有更为清晰的认识，在未来的工作安排上更有侧重。或者在公司休闲时刻，上司可以有针对性地抛出一些话题，拉近与员工之间的关系，在交谈过程中，也能够发现员工思想上的闪光点以及他们的侧重点，这样上司能够在人员调配上更加合理和高效。试想一下，如果一个员工擅长计算机，却让他去写文案，结果只能适得其反；如果一个员工喜欢Photoshop，那么将修图的任务分配给他，他将会做出令人满意的工作。在平时工作中，如果上司足够了解自己的员工，那么工作将会效率更高，工作氛围也会更加融洽。

投其所好虽然含有贬义，但这并不是一种谄媚的行为，而是一种为人处世的方式，能够帮助我们在工作中更好地完成任务。特别是在管理下属的过程中，如果能够投其所好，那么将会产生 1+1>2 或是 1>1 的效果。而这个实施过程并没有很难，只要在平时多注意观察，多与员工互动，了解员工的喜好，这样在进行工作的任务分配时内心会有明确的名单。不仅有利于自己完成工作任务，而且能够培养员工对自己的忠诚度，得到员工的青睐，在以后的工作中会更加顺利。因此，管理下属也要投其所好，这并不会降低自己的威信，反而更有利于自身的形象建设和工作任务。

15. 好朋友之间也要考虑隐私

人是一种社会性动物，孤独也许是人的本性，但相互之间三三两两结伴取暖，倒更符合如今的现实。这也就是为什么我们每个人都会有朋友。朋友是一种神奇的物种，在我们高兴的时候他们与我们一起快乐，当我们难过的时候，他们会想方设法让我们高兴。因此，朋友是我们生活中重要的构成部分。

朋友与我们在性格上往往会有相似之处，或是相互欣赏，或是相互激励。真正的好朋友总会有很多共同语言，也会分享彼此的小秘密。但是好朋友真的能做到亲密无间吗？我们不妨试想一下，当我们向朋友吐露自己的心声时，对他们是完全信任的，但如果有一天我们从别人口中听到了自己的心声，我们的第一反应可能就是朋友泄露了我的小心思，会感到生气。一旦心存芥蒂，还能够跟从前一样相处吗？同理，当朋友向我们吐露心声时，如果能给予安慰更好，如果不能，不如做一个好的倾听者，把朋友的小秘密烂在肚子里。王尔德曾说："一个人应该永远保持一点神秘感。这种神秘感不是故作高深，而是每个人都会有不为人知的一面。"在生活中，我们也会有这样的朋友，对你的事情非要打破砂锅问到底，如果你不愿意说，他会觉得你不把他当朋友，这在某种程度上是一种道德绑架。但其实最好的朋友之间也有隐私，并不是所有的事情都要分享。

我们每个人都是独立的个体，因为某种特殊的情感让我们走到一起，但最基本的，我们都是个体，不需要依附于谁。歌德说：每个人的天性中都有某种不便公开的成分，假如公之于众，必将冒犯别人。在《黑镜》第三季第三集中就传达出了信息时代没有隐私这样一个观点，但这究竟是没有隐私，还是人们对隐私太过漠视而导致的隐私泄露和勒索行为呢？如果我们的好朋友将我们之间的聊天记录发在微博或朋友圈里，我们可能因为隐私泄露而感到不舒服。

在与朋友相处过程中，适当的透露隐私可以拉近朋友之间的距离，也能培养双方的信任感。但是当我们分享隐私过后，要做的就是守口如瓶。这不仅是提高信任感的方式，更是对自己人格的保证。好的友谊应该是细水长流的，即使双方再亲密，也应该留有彼此的私人空间，朋友之间，如果他想说，就会告诉你，不想说，我们也不必强求。君子之交淡如水大概说的就是这个道理。

保持适当的距离感，也是我们与朋友相处的重要条件。真正能成为朋友的人，会了解对方的性格，清楚地知道对方的底线。每个人都有好奇心和窥探欲，这不可否认，但如何把握这个度，则是我们都需要考虑的。对于朋友的隐私问题，我们大可不必追问，诸如他和爱人之间的事，或是他和同事之间的事，或是他家中的事，如果他想说，自会告诉我们。毕竟我们更在乎的应该是这个人，而不是发生在他身上的“新闻八卦”。如果实在想要满足自己的好奇心，不如设身处地想想，如果对方一直追问你，你也是会厌烦的。

16. 让批评成为动力

在《孟子·公孙丑上》中有这样一句话：人告之以有过则喜。这句话大概意思是说，有人告诉我我有过失、错误，我会感到很欣喜。可能初次听到这句话，很多人都会不解，别人批评我，我怎么还会感到高兴呢？在生活中，我们经常听到批评的声音，这其中可能有对学业成绩的不满，对工作能力的不满，对为人性格的不满。当面对这些批评，我们也有两种选择，一种是化批评为动力，反省自身，改进不足；另一种是自暴自弃，做得越来越差。在这两种选择中，大多数人会选择前者，但也有人自甘堕落，从此一蹶不振。士别三日当刮目相待，讲的就是这样一个故事。三国时期东吴的吕蒙，非常有能力，在周瑜死后继任都督，为东吴立下功劳。但吕蒙本来是一个不用功没学识的人，鲁肃与他交谈后，认为此人没什么可取之处。后在孙权的劝导下，吕蒙开始学习。等到鲁肃再到寻阳与吕蒙相见谈话后，鲁肃惊觉："士别三日，即更刮目相待，大兄何见事之晚乎！"面对鲁肃和众人的批评和轻视，吕蒙没有自甘堕落，而是奋发学习，最终得到了大家的尊重。批评充满艺术性，过犹不及。在卡耐基《人性的弱点》中有这样一个原则：永远不要批判别人。我们每个人都有尊严和主观意愿，在受到他人批评时都会产生抵触情绪，像是老板批评员工，家长批评孩子，就会让对方产生逆反的心理。适当的批评是必要的，但是如果一味地批评，不仅会打击别人的自尊心，而且挑战了对方的忍耐力。日本的松下公司创始人松下幸之助会当面批评员工和部属，这虽然看起来很丢面子，但是松下幸之助非常注意使用语言，不会直接指责员工，而是先扬后抑，安慰员工，并为员工提出改进错误的方向。且对待思想敏感或是性格耿直的人应注意批评方法。

当我们面临批评时，坚持自己的主见也是非常必要的，尽管批评会挫败我们的自信，影响我们的情绪，但是批评也是为了激发我们对工作、对生活的热忱。对批评我们的人，也不要抱有报复心理，因为轻易批评别人的人非常少，批评的内容往往也是经过深思熟虑之后才说出口的，我们应该对批评的内容加以甄别，对其中我们认为有利的内容进行思考和再加工，对其中我们认为不正确的部分更应该重视，想想为什么会出现这样的批评。我们不必立马反驳别人的批评，只有自己进行思考之后，才能提取出其中有利的部分。在生活中，不管是善意还是恶意的批评，都会时常出现，如果我们一遇到批评，就大发雷霆，不找自己的原因，只埋怨别人，只会越来越失败。反之，当我们遇到批评时，保持理性，认真判断和分析批评的内容，重视我们认为不合理的批评，对批评者表示感谢，观照自身，看看是否存在批评者提出的问题，再加以改正，将批评化为动力。只有将批评化为动力，才能在学习和生活上越战越勇，才能到达更好的未来。

17. 亮出自己的真诚

精诚所至，金石为开。这句话出自《庄子·渔父》，原句是这样说的：真者，精诚之至也，不精不诚，不能动人。这句话的意思是不真诚不能打动别人，要以诚相待，要表里如一，如果人前一套，人后一套，虚伪至极，便不能获得成功。其实在现实生活中，这样的话我们听过太多次，保持真诚也是我们从小就受到的教育。但是是否能够保持自己的赤诚之心，是值得我们深思的。

唐代政治家裴度，其貌不扬，但是为人真诚，不弄虚作假。在裴度少年时，他就立下志向：不欺骗自己的心，不欺骗别人，以诚立身，做一个正直的人，未来定要取得成就。在十六岁时，他到山上寺庙游览，捡到一个绸布包。裴度在寺庙前一连两日等待失主，后失主前来寻找。绸布包中是镶有珍珠的玉带，是失主去官府赎救自己父亲所用。裴度的真诚使得失主大为感动，当场下跪表示感谢。在此后的人生中，裴度坚持真诚待人，曾三次作为唐朝的宰相。这个例子完美地印证了法国小说家左拉的那句话：真诚是通向荣誉之路。

真诚就是要用自己的真心对待他人，坚守自己的原则。自古真情留不住，唯有套路得人心。类似这样的话现在竟然甚嚣尘上。这不禁使我们反思，难道现在真诚的人真的没有市场吗？其实不然，套路只是一种伪装，不是一种智慧，当我们看惯了虚伪做作，反而会对真诚的人会眼前一亮。多一点真诚，少一些虚伪，不仅自己轻松，也让别人舒服。比如在谈生意的时候，一方非常真诚地展现了自己的能力和想要与对方合作的想法，而另一方则遮遮掩掩，不愿透露自己的真实意愿，那么双方的合作就笼罩在阴影之下。真诚的人，也许会在短时期内有损失，但从长远来看，一定是利大于弊的。

在与人交往时，亮出自己的真诚，尊重自己，也尊重他人，好朋友是靠真诚得到的，如果只是做些表面功夫，交到知心朋友简直是异想天开。真诚的人尊重他人，低调谦虚，不会在背后说别人的坏话，会全力以赴地实现自己的诺言。做一个真诚的人，最基本的就是善良，这也是我们所有人必须遵循的。真诚也意味着实话实说，想要的东西就去争取，不用遮掩。真诚的人很积极，为生活而奋斗。真诚的人很宽容，常常会原谅别人的失误，这不是一种妥协，而是对人的一种尊重和信任。

我们都希望和真诚的人交朋友，没有人不爱真诚的人。但首先我们要对自己要求严格，要求自己成为一个真诚的人，才能够追求与同样的人做朋友。有人认为，亮出自己的真诚，会把自己暴露在别人面前，失去自身的筹码。但如果一味地隐藏自己的真诚，便到了虚伪的地步。因此，亮出自己的真诚，才是最好的选择。君子坦荡荡，当我们把真诚袒露出来，会让他人安心与我们合作。坚持自己的原则，亮出自己的真诚，也许会吃亏，但这都是我们人生中的宝贵财富。但行好事，莫问前程，亮出自己的真诚，做好自己，才能成功。

第七章

遇事不慌乱，看人别果断

1. 不要被第一印象所蒙蔽

很多人对别人的评价和看法，大都来源于第一印象，这是因为与人初次见面时，在无法对其背景等方面进行深度了解的情况下，仅能通过对他人描绘的“第一印象”来大致对这个人做出判断。美国心理学家洛钦斯曾提出过首因效应，也叫作首次效应，指的是交往双方形成的第一次印象对今后交往关系的影响，也可以称为“先入为主”带来的效果。

他认为，如果一个人在第一次见面时能给他人留下良好的印象，那么这对于其之后与他人的接触有很好的铺垫作用，人们能够更快地与他进行相互了解。相反，倘若没能在第一次见面给别人好的印象，那么就会影响到后期与他人的接触，甚至会让人在心理乃至更大的行为活动中与之产生对抗，使得双方处于一种隔阂的状态。

“第一印象”固然重要，但需要明白的是，要想真正了解一个人，并非短时间内能做到的，而有的人想通过塑造良好的第一印象来展现在他人面前，只能说此举无可厚非，但绝非明智。据一项调查显示，我们每个人一生可能会遇到 2920 万人，有的人匆匆而过，有的人则可能成为你的终生伴侣，还有的人可能是你生意上合作伙伴，也有的人可能是你的亲密朋友。我们总是在与不同的人相识，而在这个过程中，切记不要被第一印象所蒙蔽，就像姜文在《让子弹飞》这一电影中常说的——让子弹飞会儿。这就是说要过一段时间再下结论，好多事情都不会是箭离弦，即刻命中靶心的过程。

就连心理学中也曾提出过“晕轮效应”，美国心理学家凯利通过对这一理论的阐述，说明了人们在看问题时，是一个类似日晕一样，由一个中心点逐步向外扩散成越来越大的圆圈的过程，而在这一过程中，容易产生以点带面、以偏概全的社会心理效应。这是与我们的知觉整体性有关的，在这一特性的作用下，我们常常可以做到“窥一斑而见全豹”，但是这种整体觉知的结果很多时候是错的。

这是因为我们在遇事识人中，常常将其所具有的某个局部特点进行放大，根据初次了解的少量信息对事物和他人做一个全面的描绘，而这更多的是个人主观推断泛化和扩张的结果。所以这就要求我们不要被第一印象所蒙蔽，不要过早地对新的事物乃至他人做出评价，要尽可能地与他们进行多方面深入接触，“没有调查就没有发言权”。此外，还需要时刻反省自己是否真的做到了全面认识新事物，如果没有做到，需要及时修正既有判断和评价。

2.“光说不练”的人最危险

识人第一步，选人第二步。民间有谚语：光说不练假把式。有的人，嘴上功夫了得，但具体操作实施起来却不行，只能做行动的矮子。这是因为，光说不练，仅仅是在一段短时间内让大家看到了这个人良好的沟通能力，以及看似思维缜密的逻辑推断和布局能力，但这一切都只能是停留在口头上。而有的人就是通过这一方法来包装自己。

有的演说家，演讲的时候慷慨激昂，论证得头头是道，但真正遇事则没有丝毫的执行能力。光说不练的人，短时内可以赢得人们的敬佩，但长时间的不付诸行动或者无力实施，就会让人们发现其只是浮于表面。与“金玉其外败絮其中”同理，光说不练的人是非常危险的，这种行为会使个人的能力退化，进而在遇到问题的时候无法做到有效应对，同时光说不练也会让人忽视了真相，蒙蔽了双眼，去做一些违背真理和初心的行为。

光说不练的人也更容易变得懒惰和堕落，真正的行动派永远保持积极向上的心，对于一切事物都保持着一份热忱，而正是这样的兴趣推动着他们去做好自己的每一件事情。“光说不练”的人可能在他人都走出起点很远了，还停留在原地，寸步难行，而这些都是非常致命的，这样的人往往离成功会很遥远，所以要留心那些“光说不练”的人。

提出了“修身、齐家、治国、平天下”的儒家便是实打实的行动派，也正是这样的信念和理想，激励着无数信仰儒学的人投入到实践的洪流中。纸上谈兵的故事告诉我们，光说不练，只会夸夸其谈的人是没有真才实学的，真正的成功源自于丰富的实践生活。

3. 空间语言表达不同人际关系

社会是由每一个个体所组成的，处于这其中的每个人作为一个独立的个体都具有不同的特质，这更多的源于我们思想以及我们对不同事物塑造不同关系的差异性，也造就了我们每一个人交往关系和人际网空间范围圈的差异性。

当一个人的空间大于其所需要的空间时，这个人就会感到孤独寂寞；当其空间小于所需要的空间时，这个人就会感到烦躁和不适。

生活中我们可以经常见到这样的有趣现象，餐馆吃饭的时候，四人位的桌椅，除了恰好顾客人数是四人外，其他情况下，这样的座位是很少能坐满的，而这也是餐馆设计两人位、四人位、多人位的原因。此外，在车站的候车大厅，陌生人坐座位的时候，相邻的两个人中间的座位总是空着的，即人与人之间总会空留出一个位置来保持一定的距离。在乘坐电梯时同样有这样一个现象，人都习惯性地往四个角落站，这是因为对于每个人而言，面对陌生人时都会保持一定的安全距离。据相关研究显示，正常情况下人和人接触的安全距离为 1.35 米—3 米，而这在电梯内所有的规则都会被打破，因而，在这个比较狭窄封闭的空间内，人们都会尽可能地保持最远距离。

以上这些现象，都与空间语言有关系，空间语言指的是以空间距离来传递表达信息的一种方法，借助空间来传播的一种符号。在与他人交往的过程中，不同关系的人，我们所选择与对方保持的安全距离也是不同的，对于关系比较亲密的人，二者的安全距离会比较近，反之，我们同陌生人会保持较远的距离。相关研究称之为空间范围圈，这个范围圈就是个人感觉自己应与不同人所保持的一种间隔距离。

4. 自认为绝顶聪明者往往自负

为什么自认为绝顶聪明的人往往自负呢？常言道，金杯银杯不如老百姓的口碑，就是这样的道理。真正的好与坏需要他人做出评价，而不是先被自己所感动。历史上，杨修就是一个聪明绝顶的人，但却非常地恃才傲物，狂妄自大，喜欢卖弄才华，每次曹操的心思和想法都被杨修摸了个透彻，也正是如此，杨修最终死在了曹操的刀下。三十六计中的空城计，想必大家并不陌生。诸葛亮为了抵御司马懿的进攻，在情况危机之下，抓住司马懿的弱点，并且巧妙利用其心理，打开城门，在城楼上抚琴。司马懿自以为识破诸葛亮的计谋，带兵不动，最终中计，“聪明反被聪明误”。

在识人的过程中，要注意留心那些自认为聪明的人，与这样的人在一起合作办事可能会经受更多的失败。自认为聪明的人，他们会更倾向于自己做决定与判断，很少能够听进去别人的建议，因而在办事方面会片面化或者是考虑不周全。

此外，自认为聪明的人，会更容易耍小聪明，殊不知，小聪明会遮蔽真正的大智慧，让人的格局变小。耍小聪明的人，他们以自我为中心，总是专注于眼前的利益，没有长远的目光，办事也没有原则，总以为自己将各处的利益都占尽，实则是没有格局与眼界的表现。

相反，笨是最高的聪明。曾国藩一生的成就，可以说大多来自他的“笨”。在他读书的时候，读完上一句，没有读懂是不会继续读下一句的，没有读懂一本书是不会开始读下一本书的，这样的行为恰恰折射出的是一种踏实务实的精神。而自以为聪明的人不愿下功夫，遇到困难、不能解决的问题就会绕着走，这对日后解决实际问题留下了很大的隐患。

事实上，那些自以为聪明并且自负的人，已经培养了一种隐藏的劣习，既不懂得去向他人学习，也不懂得提升自己，因为在他们眼里，他们自身已经达到一种相对完美的状态。而这一点也在慢慢毁掉他们的交际圈。对于自认为聪明的人而言，他们往往对事物没有特别深入的了解，因为他们缺乏深刻的交流，这和他们不会放下所谓的“身段”有关，而这最终导致他们的结局注定失败。

5. 知人知面更知心

我们应当知道，知人办事要靠自己的眼力，看出更深层次的东西。万事万物，都有它的另外一面，所以我们单纯凭借表面所做的判断会有较大的偏差。事物有表象和本质两个方面，表象是人最容易直接捕捉到的外在信息，也是做出判断的最直接的依据，而本质才是事物真正的属性与特质。有的人，会直接依据表象做出选择，但也有很大一部分人选择深入了解后才做出判断。浮于表象的人做出的决定，更注重即时的满足感与获得感，而通过深入了解所做出的决定，则更容易获得长远的利益。

所以我们在遇事遇人的时候，不要停留在更容易获取的信息表面，而是要深入了解后看出隐藏在深处的信息，据此做出的决定和判断更容易触及本质问题。看到一个人的表面就选择相信他，或者是对一个事情有一个简单的了解就下结论，这些都是太过简单的人做出的行为，这些行为更多的折射出的是一种直线式的思考方式，只有懂得去看透更深层次的东西才能去学会应对之后更加复杂的问题。

许多人碌碌无为无所成就，其中一个很重要的原因就是对事情的理解程度不够，导致了很多时候停留在一知半解的阶段。在中国古代有这样一个笑话，一位财主家，接连几代都是文盲，有一天老财主决定改变这样的现状，于是他请来一位教书先生来教自己的小儿子识字。先生教孩子拿着红笔描红，在写了一画之后，先生告诉他这是“一”字，两画之后告诉他这是“二”字，三笔画的是“三”字，小儿子恍然大悟，便开心地告诉财主自己已经学会认字了，可以把教书先生辞掉了。老财主听后也很开心，便辞掉了先生并摆下酒席来庆贺。来参加酒席的人中有一位姓万的亲戚，财主叫小儿子去写请帖，然而很长时间都没写完，财主去催儿子，儿子却很生气，对财主说：“他为什么要姓万呢，我写了半天了才写了五百多画。”

我们从中应该得到一些反思，小儿子仅仅了解到简单数字，就认为自己学会了所有的字，这是一种浅尝辄止，满足于一知半解的行为。但一切成功的背后，都是对于某一方面的深耕细作，孜孜以求，如此才能收获自己想要的结果。离开了对所追求目标的深入了解，是不能达到目的的。我们应该明白的是，一知半解的危害一点都不亚于一无所知，甚至前者危害更大。

6. 看清他人的“深浅”

每个人，都可以被看作一条河流，有的河流清澈见底，有的河流浑浊不堪，有的河流可能连河底的石头都无法包藏，有的河流却一眼望不到底，深不可测。

我们都知道，要想去真正了解一个人需要很长的时间，因为只有共同经历很多的事情，才可以真正知道一个人的“深浅”；只有遇到困难的事情，才可以知道一个人是否具有较强的抗压能力，是否具有迎难而上的精神；只有遇到事关利益的事情，才能看出一个人对于利益的追求以及在不同情况下的取舍；只有在遇到大是大非问题的时候，才可以判断一个人的世界观、价值观以及人生观。而这些都不是直接浮于表面的。

一个人的“深浅”是由多方面来定义的。一方面可以理解为一个人对自身真实性格的隐藏，这种情况下，“深”有两种情形的解读：第一种是深沉，多表现为少言语而守本分，具有较强的忍耐能力，并且内外分明，在待人处事上更表现为浑厚而不逞强，不喜炫耀。第二种则是“缄深”，多表现为缄口不言，阴险深藏，行为诡秘。两种性格形成鲜明的对比，前者是有道德的贤才，而后者是险恶的奸人。

另一方面则是一个人真实具有的水平。这个水平可以从很多方面来进行解读，可以理解为所具有的真才实学，也可以理解为对人情世故的熟络程度，也就是常说的“老油条”。

如今，人们对于“深浅”的解读又多了一层含义，那便是一个人的城府的深浅，有的人认为城府深的人不好相处，会在背地里有很多动作，容易捅刀子。有的人认为太“浅”的人虽然容易相处，但是不太容易在社会上混得开，交际能力受限。但事实上，不论是哪种“深浅”的解读，对于我们去真正了解这个人来说都是非常重要的。在知人“深浅”上，我们应当多花费一些时间，既能避免人才不得重用，也可以甄别自己的合作伙伴，避免造成不必要的损失。

7. 给了解他人留点时间

我们每个人一生都会见许多人，而这些人有的最终会与我们的关系变得非常亲密，而更多的人只是萍水相逢、一面之缘，在有限的时间内，我们也不可能充分地去了解每一个人，甚至有很多人相处很久一段时间后仍没有完全了解他们身边的人。

每一个人都渴望能够真正了解对方，但是基于许多原因这一愿望是很难实现的。一方面，客观因素的存在，导致不能充分了解一个人。父母渴望充分了解自己的孩子，但有的父母与孩子相处的时间少得可怜，没有相处便很少有交集，在生活上也只能是单纯地知晓，缺乏实质性的了解，这是无法充分了解的一个重要的原因。

另一方面，是主观因素的存在。每一个人都是一个独立的个体，他们都有自己的思想和意识，尤其在具有独立思考能力之后，会对是非进行判断后再对自己进行包装、塑造甚至隐藏，这样对想要充分了解一个人增加了许多困难。以留守儿童为例，我国有超过六千万的留守儿童，从小缺乏家庭的呵护，以至于他们独立意识形成得比较早，前期缺乏有效的沟通，后期的交流也多受到他们的抵抗，所以想要充分了解他们有一定的困难。如果能够充分了解一个人，知道对方的脾气和爱好，将这些都摸得很熟透，那么两个人的相处会变得更加容易。人们通常会用“无话不说”来形容两个人关系非常好就是这个原因，因为彼此之间充分了解，才能够形成这样的关系。

世上没有完全相同的两片树叶，这个世界也因为每一个个体的差异性而变得丰富多彩，如此看来想充分了解每一个人是很难得。但是充分了解一个人还是有可能的，只要你能捧着一颗真诚的心与他人交换，得到的也会是他人的真诚回报。

8. 关键时刻，用“试金石”检验人心

如今，我们可以在电视上看到许多有关于考验人性的节目，这些节目通常会设定一个具有争议性的场景，这些场景的选择都来源于现实生活中的一些真实发生的情况，通过在真实公共场所安装隐蔽的摄像头，多角度来记录在不同情况下，周围路人的反应。有的视频博主也通过测试情侣，来看看双方能否经受得住考验以确定对方是否可靠。

这些考验行为一直以来都备受争议。有的人认为这样一种模拟场景测试所得结果可能距离真相会有一定的差距，也有的人认为这样的行为会消费陌生人的爱心和同情心，但也有人支持这样的试验，认为这样确实可以检验出一个人的人心和本质。一方面，是对于检验人心的支持，认为对方在特定情形下的反应可以说明很多的问题；另一方面持反对意见的人认为用一个本不存在的情形去考验人，也会降低人与人之间的信任。

事实上，两方的看法都有一定的道理，所以就需要完善诸多不确定的条件。首先便是关键时刻的设定，其次则是要用对方法，即对于“试金石”的选择要正确。一个人在面对事情时，在未知情况下所做的反应都是最真实的反应，所以

这些测试还是很有说服力的。

那么怎么样才可以检验他人，或者说如何用“试金石”去检验人心呢？古人云：“患难见真情，板荡识诚臣。”在当今社会，权利地位和金钱更容易担当“试金石”的角色，因为在面对利益的时候，人的本性都会暴露无遗。另外的“试金石”便是时间，有的人一时一事可以与你称兄道弟，但是日子久了，你就会更加深入地了解他们的为人，即所谓的“路遥知马力，日久见人心”，所以时间也算得上一块检验人心的“试金石”。

9. 不可用一把尺子量人

当今社会，在许多方面，都要求人们做到“一把尺子量到底”，这更多的是强调要能够始终坚持一个标准去做事，谁也不能搞特殊化，更多的是期望能用这样一个规则和要求让更多的人享受到更公平公正的对待。但是“一把尺子”的要求“对事不对人”。我们应当在处理不同的事情过程中，坚持“一把尺子”，但是在我们了解他人的过程中，则更应该注重变通，用一种发展的眼光和标准去看待他人。

我们每个人的心中都有一把尺子，这把“尺子”就是一种标准，但是不能用它去量所有的人。

事实上，用一把尺子量人是有很大弊端的。每个人都有不同的识人标准，但这一标准并不能适合所有的人。并且每个人都是时刻发展变化的，我们了解他人也应该是一种动态的，时常更新的过程，即我们在认识他人的过程中要学会用发展和变化的眼光去考量我们身边的人，而不是带有一种固定的、刻板的眼光去审视他人。

人民网曾发文指出，在当前形势下，要能够更加准确有效地评价人才，这就需要对不同的人才实行分类评价，以此来克服对不同类型人才评价“一把尺子量到底”的现象，因为只有根据不同职业的特性和不同人才的工作性质进行分类评估，才是一种更加科学合理的评价标准。

由此可以看出，在识人的过程中，切不可“一把尺子量人”，因为这样只能对他人进行片面地了解，无法真正获取他人的有效信息。而在此基础上所做出的选择判断，带有更多的片面性，容易导致以偏概全，识人不准，最终可能会让你损失一位兴趣相投的挚友。

10. 识人：一叶难知秋

从古至今，谣言误国，谗言害人，许多仁人志士、英雄豪杰不是死于为民谋福利的工作上，而是死在“莫须有”的罪名上。岳飞是如此，伍子胥也是如此。

作为一个拥有独立思考能力的个体，我们需要做的就是自己掌控自己的思想，在这样的基础上，通过多方面的分析实践所得出的结论才有可能是最接近真实状况的，如此才能真正考察清楚一个人的本质是什么样的。

每一个人对于愿意相信和愿意听从的言语都有一定的选择，都更倾向于那些符合自身价值观，抑或是与自己的观点相像的内容。在对这些内容的识别上，每个人会将小占比的事件特性或者个人的某一特点放大为总体，概括为整个事件、整个人。每个人都有一定的从众心理，尤其是对于那些与自身所持观点相似或相近的意见，他们会更愿意接受并听从。在这个过程中人们往往更容易失去辨别能力，这样做的后果是非常严重的。

有一句名言：“谎言重复一千遍，如果没有被戳破，那它也就成为了真理。”这并不是说谎言最终都会成为真理，这只是在强调，谎言重复的次数多了，渐渐与人们的认知相吻合，以至于被误认为这是真理。识人遇事亦如此，当你偏听偏信的次数多了，你就会被熟悉感所蒙蔽。即使呈现在眼前的内容并不一定是事件或者个人真实的本性，但你经过长时间的自我价值构建，已经认同了在偏听偏信下构建的“主观真实”，并将“主观真实”投射在客观世界，给自我一种反馈，无形中认同所被投射的“客观真实”。

那如何避免偏听偏信呢？首先，最有效的方法就是“不听”，要自己来进行判断，增强自我意识和独立识人的能力。其次，是要做到“兼听”，即不直接接受他人的价值评价和价值判断，而是收集未经二次加工的信息，进行合理有效的分析，这样可以减少个人主观因素的干扰，以确保所接收信息的客观性。最后则是对周遭环境的营造，即一群志同道合的朋友。这一群人都是你的智囊团，他们都是通过各种考验留到最后的朋友，是值得你信任的人。所以，当你结交新的朋友之时，可以多采纳和考虑他们的建议。一个可以合理采纳他人意见的人，不偏听偏信的人，才是真正的智者。

11. 读懂性格内向的人

每个人都有各自的性格特点，而“性格”一词，是心理学上的词汇，其指的是经过一段时间，人们对待现实的态度以及相对应的行为具有比较稳定的个性心理特征。性格的养成与先天和后天都有很大的关系，其表现在人们日常生活中以及对周围世界的态度上，并投射在人们行为举止中。

在心理学上，一项名为艾森克人格的问卷调查为内向性格贴上了包括喜欢安静、独处、喜欢自省、不喜欢和陌生人打交道等多项标签，严重者更表现为缺乏自信、悲观焦虑等。对于性格柔弱、内向的人而言，他们会倾向于更少的表达和更多的逃避行为，而这些大多被解读为与一种病态的性格相关联的特征。但事实上，性格柔弱、内向的人并非如此简单可以被定义。

曾有一篇名为《内向的人自带光芒》的文章，文章对内向一词进行了深入地解读，也让我们看到了“内向”一词并非贬义，内向的人也有属于自己的人格魅力。如果想真正看透性格柔弱、内向的人，那首先就需要明白性格柔弱、内向的含义。在大多数人眼中，性格柔弱、内向的人，往往不擅交际，在群体之中显得有些格格不入，他们或许更愿意在面对不同的困难和问题的时候选择安逸，将问题的解决寄托于逃避，但事实上，这是对这类人不完全的了解和片面的看法。

就像上述文章中反复强调的一句话："内向的人自带光芒。"有很多内向的人，并非所想象的那样消极避世，那样躲避在幕后，他们只是更习惯于静静淹没在"一望无际"的普通人群中，即使他们的性格很容易被一眼看出，但这一切的一切都不是批评这个性格群体的理由。内向的人，性格柔弱的人，他们可能更需要的是一片属于自己的小天地，在这里，他们可以静静地独自享受美好时光，他们更能从宁静的生活氛围中感知到平凡生活所带来的独特魅力。

沈从文先生第一次上讲台时的情形甚至有些滑稽。这个从湘西小镇走出去的青年，人生中第一次站在讲台上，更多的是紧张，甚至一句话都难以讲出，最后还是在黑板上写下了这样一句话："我第一次上课，见你们人多，怕了。"正是这样一个性格偏向于柔弱的人，却是离诺贝尔文学奖最近的人。沈从文先生为人谦逊有礼，虽然柔弱，但更添了几分执拗，而这更多体现在他的创作中，那一片属于他自己的精神世界。所以，要学会真正看透那些性格柔弱、内向的人，他们并非像我们所想象的那样简单，更多的时候，他们只是不愿展露锋芒。

12. 勿以个人好恶为识人标准

在识人知人的过程中，我们需要切记，不能以个人的好恶来判断这个人的好坏。因为每个人都是一个独立的个体，都有专属于自己的特质，这些在兴趣、性格等方面展现出的与他人的不同，对于每个个体而言都是最珍贵的，世界因不同而精彩。所以在看人的过程中，不能单凭自己的价值观，以己之见来为他人下定义，做出判断。

一个最为典型的人物便是刘备，刘备在选拔人才的时候，会更多地将个人的喜好作为一个标准，因此也就有了他“文有孙乾、糜竺之辈，武有关、张、赵之流”的感叹。这便是他单纯依赖于自己的好恶来评判人的结果，但事实上，天外有天，人外有人，直到司马水镜引用孔子的“十室之邑，必有忠信”这一观点才点醒了刘备，继而有了刘备三顾茅庐去请诸葛亮出山的佳话。所以，单纯凭个人的好恶好意志来对某个人下结论，只能得到错误的认识和判断，最终导致错失人才和良将。

唐高宗时期，大臣卢承庆担当对官员进行政绩考核一职。在他对一名因在粮草运输过程中遇上暴风，导致粮食被吹光的督运官进行考核评价时，给予了最下等的评价；但这位督运官神态自然，一副满不在乎的样子；卢承庆见此将他召回，给他重新评价为中等，但这位官员依然不喜不愧；最终卢承庆给其定为上等政绩，评语为“宠辱不惊”。

正是卢承庆根据个人的观感和想法，使得一名官员的政绩考核经历了从六等到一等的飞升，但事实上，这位运粮官只是暂时担任此职，因而对于政绩并不关心。卢承庆这种凭借个人意志看人的方法，对自己看中的有好感的人委以重任，而对于印象不深或者不太了解，即使有真才实学的人都保持一定距离，这所造成的后果是十分严重的。

在今天的社会中，大多数的企业管理人员都习惯于以感情上的偏向来辨别和甄选人才。对于喜欢的，有相同话题的，就会倍加称赞，即使对方没有什么真才实学，没有什么能力；而对于个人不喜欢的，往往会刁难和非议，最终让有才干的人心灰意冷，最终也使得企业难以留住人才。所以，管理者在看人的过程中，应该将个人的感情和好恶放在一边，以理性为主宰，以整体利益和大局观为重，这样才能管理好公司和企业，使人信服。

13. 莫要以貌取人

如今社会中流行着这么一句话：“爱一个人，始于颜值，忠于人品。”如果外貌这一关都过不去，那又怎么指望别人去深入了解你的才华和人品。就连职场上也有这样类似的潜规则，据一项调查显示，长相有优势的人普遍挣取的工资要比没有长相优势的人多，男生的长相处于中上等的工资普遍更高，而女生的身材这一外貌条件也决定了女生的薪资。调查研究表明，越胖的女生在找工作的过程中越会受到不同程度的歧视，越瘦的男生在找工作的过程中也越会有同样的困扰。那么上面这些是否就真的说明，我们可以以貌取人呢？

答案是否定的。如果给“始于颜值，忠于人品”这句话加上一份期限就很容易明晓，那便是一时始于颜值，终生忠于人品。这与两个字有关，分别是“始”和“忠”两个字，这两个字本身就代表着不同的时间间隔，“始”更多表示的是一个时间点，也就是说在某一刻，是一个瞬时的行为；而“忠”则是一种延时性动作，更强调在较长一段时间内“忠”这一动作的延续。

很多人对“相由心生”这个成语并不陌生，并且将此作为“以貌取人”的依据和缘由，但事实上，“相由心生”这一词并没有可考的科学依据，并且人们对这个词的理解有所偏差。这一词来源于《无常经》，指的是一个人看到的事物，或者对事物的理解、解释、观感，由他的内心决定。也就是说，一个人的外貌与这个人的本性等方面是没有联系的，因而以貌取人这一做法也是没有根据的、不合理的。

“以貌取人”不仅不一定能做到真正的识人、知人，还有可能会让我们被一些善于伪装自己的人所欺骗。当今社会，人们在相处时都会有较高的警戒心，因而并不会轻易将自己的真实状态展现给他人，这也是许多人对自己进行伪装的一个重要原因。有的人在相处过程中，基于某些原因，对自身进行包装，给他人造成一种假象，而此时我们“以貌取人”便仅仅停留在表面，甚至会根据错误的表象进行不相符的定义判断，造成识人的失误，而这所带来的后果是非常严重的。

我们所需要做的，是要学会转变方向，即转换“以貌取人”的对象，用这一准则来要求自己，促成自身“外貌”的转变。因为我们需要知道的是，不注重自身形象，往往折射出的是不良的精神状态和面貌。

人们往往将第一印象作为依据，分门别类给他人贴上标签，但不知道的是，最具迷惑性的就是外表。所以不要以貌取人，但要记得别人会以貌取你。

14. 脱掉“有色眼镜”看人

在识人的过程中，我们常常犯的一个错误就是喜欢用“有色眼镜”去看人，这对于我们真正去认识和了解一个人有非常大的影响。“有色眼镜”，类似于传播学中所提的“刻板成见”，其指的是对于某些事物、人的看法带有一定的主观色彩，而判断依据则来源于我们日常生活中所得的经验。这个词是一个中性词，一方面有利于我们认识新鲜事物，但同时也阻碍我们认识新鲜事物。而在看人知人方面，“有色眼镜”则彻彻底底是一个贬义词，是我们在识别他人过程中，最忌讳做的事情。

例如，倘若管理者用“有色眼镜”看人，就会在识别他人的过程中不自觉地代入某种偏见，而这种偏见是个性化的、差异化的，并非一种能形成共识的标准，因而会就个人的角度对他人进行某种具有片面性的定义。这样所下的定义具有很强的偏向性，将为个人贴上具有管理者偏见的标签，这对于被识别的人是不公平的，若使此一位真正有才干的人因此被淘汰或者甄别，对于公司和企业而言是一种巨大的损失。

据史书记载，早在战国时期，不同诸侯国之间的钩心斗角引发了一场有关“用人”的政治论争。当时韩国国势衰微，于是想出了一个办法，韩国派出一名叫作郑国的水利工程建设人才到秦国，企图通过此举让秦国把人力物力投入到水利建设上去，来削弱秦国的实力，让其劳民伤财，无力东伐。后来，这一计策被识破，引发秦国人的排外情绪，他们甚至认为但凡诸侯国人来秦做事，都是具有多种目的的。于是秦王在这种偏见下，发下了逐客令，在全国进行大搜索，将众多其他诸侯国来的人都驱逐。当时的谋士李斯极力反对，写下《谏逐客书》，他用热情洋溢的语言和严密的逻辑来阐释了此举的不妥之处，并运用古今事例进行论证，指出秦王因为一两个客卿的威胁便以偏概全，给其他所有的客卿都贴上了标签，带着偏见去驱逐这些人，对于国家而言所带来的后果是灾难性的。

在当今社会，“有色眼镜”更多地出现在性别、学历等方面。盛田昭夫曾写了一本书来论述如何识人，其中最重要的一点便是不能够以学历取人，因为学历并不能代表所有，能力才应该是企业更应该看重的。

此外，当今社会还存在地域的偏见与歧视，以至于在识人的过程中，一问及对方来自哪里，便会不自觉地根据地域为他人贴上标签，对他人的德行、性格、行为做出具有偏见性的评价，而这些都会对能否真正认识这个人造成巨大的阻碍。所以，要想做到识人、知人，需要做的就是脱去“有色眼镜”，抛开成见，通过多方面的交流，进而了解他人。

图书在版编目（CIP）数据

看人的艺术 / 李建一著 . -- 南京 : 江苏凤凰文艺出版社 , 2020.4（2023.5 重印）
ISBN 978-7-5594-4596-4

Ⅰ . ①看… Ⅱ . ①李… Ⅲ . ①管理学 – 通俗读物
Ⅳ . ① C93-49

中国版本图书馆 CIP 数据核字 (2020) 第 030577 号

看人的艺术

李建一 著

责任编辑 王昕宁
特约编辑 陈 东 申惠妍
装帧设计 原 色
责任印制 刘 巍
出版发行 江苏凤凰文艺出版社
南京市中央路 165 号，邮编：210009
网 址 http://www.jswenyi.com
印 刷 三河市海新印务有限公司
开 本 880 毫米 ×1230 毫米 1/32
印 张 7
字 数 115 千字
版 次 2020 年 4 月第 1 版 2023 年 5 月第 2 次印刷
书 号 ISBN 978-7-5594-4596-4
定 价 39.80 元